中公新書　2047

松方冬子著

オランダ風説書

「鎖国」日本に語られた「世界」

中央公論新社刊

はしがき

一九世紀の初めにオランダの日本商館長を務めたヘルマン・メイランは、著書『ヨーロッパ人の日本貿易史概観』の中で、世界の情報が長崎で日本人に知らされる様子を記している。

オランダ船の船長やその他の乗客が上陸してから二、三時間後、ヨーロッパ及び東インドの情報を聞くために、出島《でじま》の乙名《おとな》、出島町人、目付《めつけ》らにともなわれて通詞《つうじ》仲間が商館長のもとへやってくる。この時、戦争や講和、戦闘や勝利、王の即位や死など一般的な情報が提供され、通詞らがそれを書き留める。その情報は日本文字で美しく書かれ、商館長による署名がなされた後、臨時の飛脚《ひきゃく》を立てて江戸に送られる。

このような情報の提供は日本人には最重要案件と見なされている。日本人の言うことを信じるならば、主にこの理由によって、オランダ人は日本に受け入れてもよい友人だと見なされているのである。

ここでいう「日本文字で美しく書かれ、商館長による署名がなされ」た文書が、オランダ風説書《ふうせつがき》である。風説書は、オランダ人が眼にした数少ない正式な日本文書であった。江戸では老中、ことによると将軍さえ見るかもしれない。そのためとくに緊張感をもって、ていねいに仕立てられた。その書面が日本社会で特別な意味をもっていることをメイランは感じ取ったのだろう。「美しく」という言葉に、その新鮮な感動が読み取れる。

地球と同じ大きさの「世界」で起きた出来事が語られていることが、オランダ風説書の特徴である。一七世紀から二〇〇年にわたって、情報の提供が続いたということは驚くに値する。

「風説」とは噂《うわさ》という意味である。幕府はオランダ人に、たとえ噂にすぎないことでも伝えるように望んだ。かたやオランダ人が、噂にすぎませんと言い訳することもあった。風説書を幕府に提供したのは、オランダ人だけではなかった。中国や東南アジアから来航する唐船《とうせん》も情報をもたらした。ただ、唐船はほとんどの場合、その船が出港あるいは寄港してきた場所についての局地的な情報をもたらしただけである。それらの情報は唐船風説書または唐風説書と呼ばれるが、以下単に風説書という場合はオランダ風説書を指す。

異なる言語が出会うところに風説書は生まれた。一七世紀、オランダ語と日本語はポルトガル語によって仲介されていた。一八世紀に入ると、二つの言葉は直《じか》にぶつかり合うようになる。言語と言語のぶつかり合いは、文化と文化の、世界観と世界観のぶつかり合いでもあった。

言語の面でも、文化の面でも、世界観の面でも、オランダの「文法」で語られ、あるいは書かれている情報を、いかに日本の「文法」に直して伝えるか。内容を語ったオランダ商館長も、そして日本語に訳した長崎の通詞も、つねに模索しなくてはならなかった。オランダ人がそれを判断するためには、日本社会についての知識が不可欠だったが、出島で得られる知識は不十分だった。一方、通詞たちも、限られた接触からではオランダ人側の事情について学べることには限界があった。また、長崎町人であるという身分上の制約から、江戸の幕府中枢の考えていることはわからなかった。そして、互いに伝えないほうが良いと判断したり、意図的に内容を変えたことも多かった。伝えようとしても、結局のところ伝わらないことさえあった。情報の伝達は操作や遮断の危険をつねに孕《はら》んでいたのである。

オランダ風説書❖目次

Map: Studio Pot

オランダ風説書◎関連地図

オランダ風説書——「鎖国」日本に語られた「世界」

凡例

◎本書においては、原則として、当時のオランダ人が用いた（そして現在私たちが用いている）西暦（グレゴリオ暦）を用いる。引用和文史料中の年月日付は和暦である。

◎地名は、原則としてオランダ語史料上の代表的な表記に基づいてカタカナ表記し、筆者の力量の及ぶ範囲で現行地名を注記した。相当する漢字が明白な中国地名は漢字に直した。

◎本書引用史料及び文献中、原文中で（　）を用いている場合にはそのまま（　）を用い、筆者による補足や説明は〔　〕をもって表した。

◎オランダ語史料を引用する場合、参照した翻訳史料集を（　）内に示した。（　）がないものはオランダ語史料原典からの拙訳である。

◎オランダ語史料を引用する際は、既刊の翻訳史料集を参照した場合を含め、読みやすさを優先し、意味を損わない範囲で、語句の加除や表現の改変をほどこした。

◎本書引用の日本語史料は、読みやすさを考慮して、筆者が適宜読点、中黒を補った。［　］は割書きを表す。漢字の旧字体、異体字は常用漢字に直した。仮名は、必要に応じて現行のひらがな、カタカナに直した。また、適宜ルビを補った。

第一章

「通常の」風説書

《阿蘭陀人図》　18世紀半ば　神戸市立博物館

長崎と「四つの口《くち》」

江戸時代、オランダ船が来航できる港は長崎だけだった。しかし、オランダ人を長崎に閉じ込めたことで、幕府は貿易やそれに必要な通訳、物資の調達、船の修理など交流のノウハウを都市長崎に独占させてしまった面がある。「御老中でも／手が出せないは／大奥・長崎・金銀座」と言われたほどである。

江戸から派遣されてくる長崎奉行は、短い在任の期間中に複雑な長崎貿易の実態を把握するには至らなかった。むしろ在任中、彼らは長崎貿易が生み出す利権を守り、それに吸着しようとする傾向にあった。ましてや、長崎に定住する町人身分である長崎町年寄《まちどしより》、オランダ通詞ら地役人《じやくにん》はなおさらである。彼らは代々世襲的にその職を務めており、時に幕府を欺いてでもオランダ人との貿易から利益を得ようとした。一方で、幕府の長崎支配の末端を担い、オランダ人が幕府の考える枠組みから逸脱《いつだつ》しないよう監視する役割も彼らにはあった。

長崎のオランダ通詞は、もとポルトガル通詞だった家系が多い。一七世紀のオランダ人と日本人との会話は、主としてポルトガル語で行われていた。布教を目的として来日したポルトガル人が日本人に熱心に彼らの言葉を教えたのと違い、商人として来たオランダ人は、利益を生まない語学教育に時間を費やしたりしなかったからである。通詞は、通訳や翻訳だけ

川原慶賀《長崎港図》 1810年頃 アムステルダム海事博物館

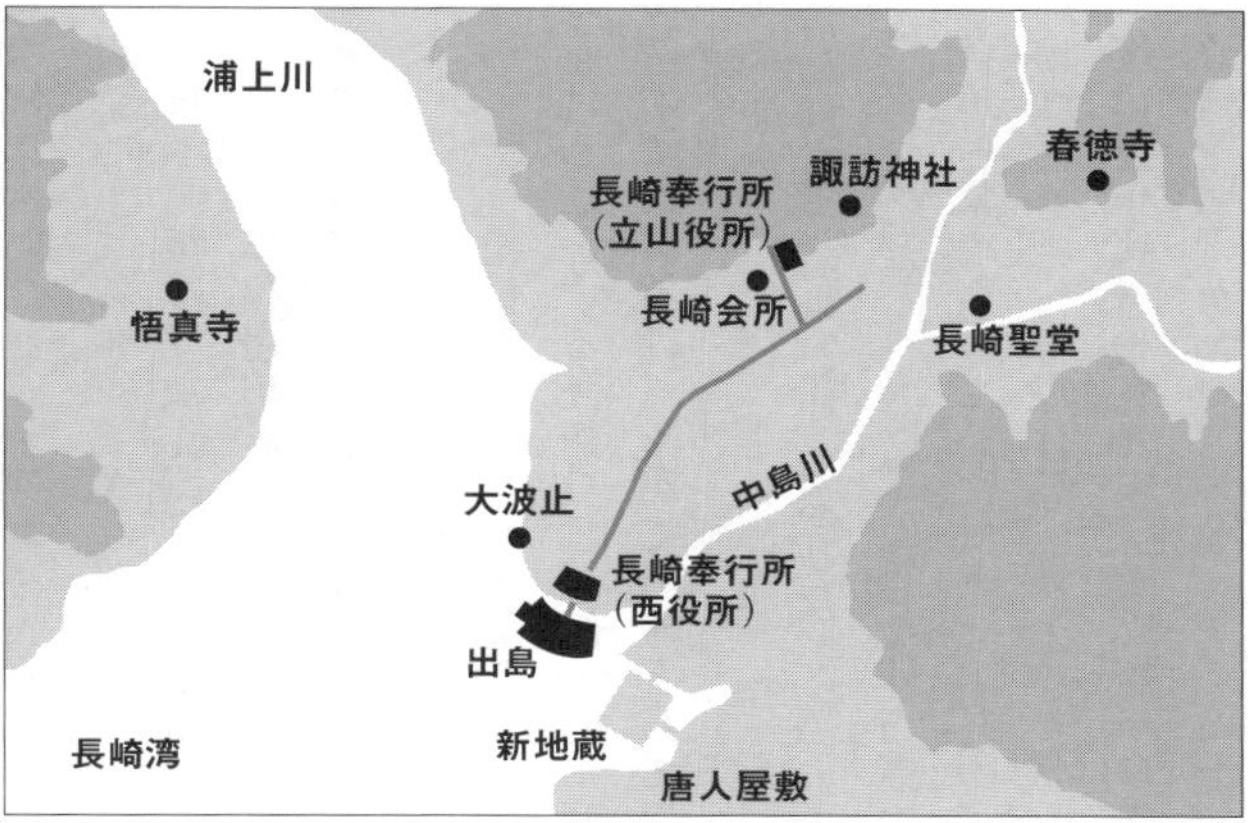

でなく、出島に出入りする使用人の手配、商館長参府の付き添いなど、オランダ人の日本での生活全般に関わった。同時に、自ら私貿易に携わる商人としての側面ももっていた。

そのような貿易都市長崎に生きる人々独自の心性は、日本側だけでなく、長崎に勤務するオランダ商館員たちにも共通していた。彼らは日本で上手に交渉を進めるために、自分たちで判断して行動しなければならないことが多かった。バタフィア（現インドネシアのジャカルタ）にいる東インド総督の指示を仰ぐには一年近くかかったからである。また、日本人に会ったこともない総督が最適な判断を下せるとは限らなかった。総督もそれを知っており、最終的な判断は商館長に一任していた。そして、商館長をはじめとする商館員は、個人的に商品を長崎に持ち込み販売することを許されていた。彼らの個人貿易は、やがて組織としての商館の貿易を脅やかすようになっていく。

オランダ東インド会社は世界で最初の株式会社と言われる。商事会社でありながら、「東インド」すなわち喜望峰《きぼうほう》（アフリカ最南端）より東、マゼラン海峡より西での貿易独占権のほか、交戦権や条約締結権をオランダ共和国の連邦議会から認められていた。オランダのアジアにおける本拠地はバタフィアである。そこに置かれた東インド総督府が、アラビア半島南西岸のモカから日本に至るアジアの商館を統《す》べていた。会社は一七九九年解散するが日本商館のみは生き残り、以後オランダ領東インド政庁の管轄下に置かれた。

江戸時代の日本は完全に国を鎖《とざ》していたわけではない。長崎は鎖国日本の唯一の窓ではなく、オランダ風説書もまた幕府の唯一の海外情報源だったわけではない（その意味で、以下「鎖国」には「　」を付ける）。一九六〇年代以前、「江戸時代の日本は国を鎖していた」という説が支配的だったとき、外の世界として想定されていたのはヨーロッパとアメリカだけだった。その後、東アジアに力点を置いた対外関係の研究が大きく前進した。その結果現在では、江戸時代の日本は「対馬口《つしまぐち》」で李氏朝鮮《イシチョソン》と、「薩摩《さつま》口《ぐち》」で琉球《りゅうきゅう》と、「松前口《まつまえぐち》」でアイヌと、「長崎口」でオランダ人や唐人《とうじん》（中国人が主体だが東南アジアの人々も含む）とつながっていた、と考えるのが定説となっている。これらの「口」はあわせて「四つの口《くち》」と呼ばれる。時期によって変貌しはするものの、この「四つの口」は突き詰めれば日本が国交をもたない中国へと間接的につながるための経路であった。中国で生産される生糸、絹織物などを安定的に手に入れ、漢籍や絵画などから学びたいという欲求は日本国内で非

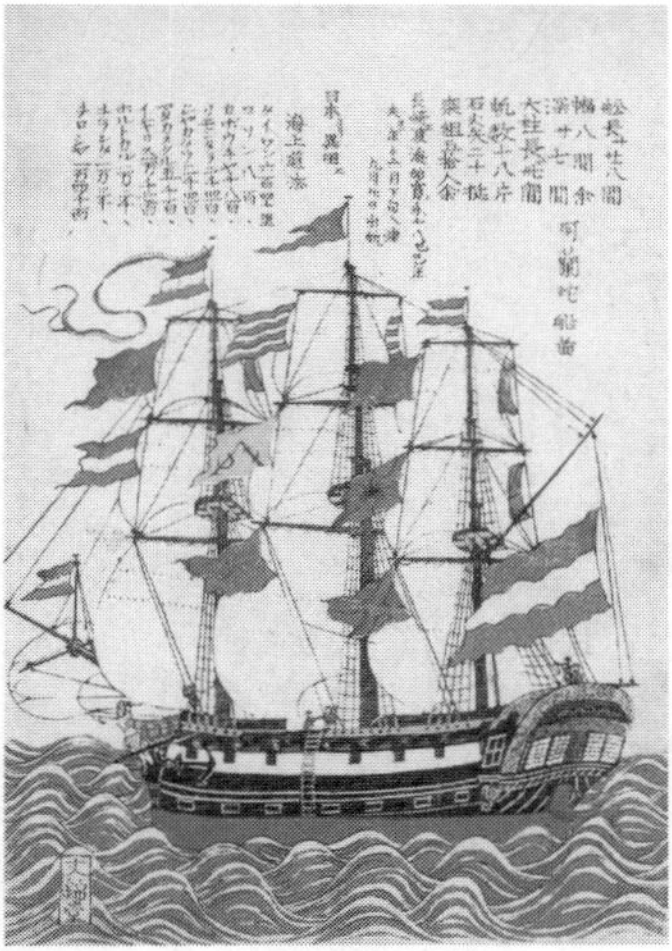
長崎版画《オランダ船図》　1804～30年
たばこと塩の博物館

石崎融思《唐館図絵巻》「唐船」 1801年 長崎歴史文化博物館

常に強かったのである。これと関連してロナルド・トビ氏は、一七世紀末に中国で起きた三藩《さんばん》の乱の情報が複数の経路で幕府に伝えられたこと、その中でオランダ経由の情報の質が一番低かったことを指摘している。しかし、それは中国で起きた事件についてだったからである。朝鮮や琉球や唐人は中国のことは語れても、ヨーロッパについては無知だった。反対に、一八世紀の半ばまでオランダ人は中国国内に有力な拠点をもつことができなかったため、中国についてはよく知らなかったのだ。

江戸時代を通じて、経済的にも文化的にも日本にとってもっとも重要な外国が中国だったことは確かである。だから、「四つの口」を動員して得られる中国情報はとても必要だった。しかし、幕府にとっての重要性からみて、中国の比重は江戸時代後期から幕末にかけて低下していく。代わってロシアを含むヨーロッパやアメリカ合衆国の比重が高まる。長崎以外の三つの「口」はその変化に十分対応できなかった。そのため、長崎が日本の唯一の窓であったという言説が、ある時期生まれたのである。

「鎖国」政策の「仮想敵」

もう一つ別の観点から見てみたい。一六三〇年代に日本人の海外渡航禁止、ポルトガル人追放などが相次いで発令されたことにより「鎖国」が完成したと言われることがある。ここで「鎖国」と呼ばれる政策は、長崎口の整備とも言い換えられるだろう。

他の三つの「口」が家康の時代にそれなりに整えられたのに対し、長崎口は秀忠から家光の時代に形が固まった。また、他の「口」が大名家（藩）によって担われたのに対し、長崎口は将軍の直轄する都市が担当した。キリシタン禁制のためヨーロッパ人の入国を制限して監督し、同時にそれまで九州全域で行われていた唐船との貿易を一括して管理するという幕府政策の大きな流れの中で、長崎口は生まれたからである。四つめの「口」の整備は、東国を本拠とする徳川政権が九州を掌握するという大事業でもあったため、時間がかかった上、大名家に任せるわけにはいかなかったのである。

中国で火事が起きたら日本にも火の粉が降ってくるかもしれないとは考えていても、明清交替の一時期を除いて、幕府は中国が攻め込んでくるとか中国の邪教が日本にも広まりかねないとかいう恐れは抱いていなかっただろう。幕府が危険視したのは、ヨーロッパの思想（キリスト教）や軍事力である。山本博文氏も、「鎖国」政策はあくまでヨーロッパ諸国との関係を意識して取られた政策であるとしている。「四つの口」がどちらかというと中国と「つながる」ための装置だったのに対し、「鎖国」政策はヨーロッパ勢力から身を「守る」ためのものであり「仮想敵」をもっていたのだ。

とりわけ一七世紀に恐れていたのは、ポルトガルやスペインといったカトリック勢力による布教、貿易、領土の獲得を一体とした対外進出の動きである。しかし、一八世紀後半から一九世紀前半にかけて、恐れの対象はヨーロッパ諸国が起こしつつあるよくわからない何かに変化していく。通商を求めているようだが領土欲があるのかもしれない、でもほんとうにそれだけか、というような。それを植民地化の危機と呼ぶのはたやすい。しかし本書では、あえて少々落ち着きの悪い「西洋近代」という言葉でその「よくわからない何か」を呼んでおく。

一七世紀的なヨーロッパとは違う一九世紀のヨーロッパのあり方を、幕府は認識していた。それがインドや東南アジアの社会を大きく変えているとしたら、そして中国にも影響があるのなら、危機はやがて日本にも訪れるだろう。幕府は大きく軸足を動かして、カトリック勢力ではなく「西洋近代」から自分たちの体制を守ろうとする。「鎖国」政策の「仮想敵」が変わったのである。

カトリックの侵入を防ぐための装置だったオランダ風説書は、「西洋近代」に対してもそのまま転用が可能だった。李氏朝鮮や琉球、唐船など複数の経路からの情報を、幕府が相互に比較検討しながら対外政策を決定していたことは間違いない。潜入した宣教師や、帰還した日本人漂流民、イギリスやロシアの使節などからの単発的な情報も加味していた。しかし、「鎖国」政策の主たる標的についての詳しい情報を定期的に提供し続けたのは、オランダ風説書だけだったのである。

種類・頻度・内容

オランダ風説書は、大きく二種類に分けられる。「通常の」風説書と別段《べつだん》風説書である。前者は、一六四一〈寛永《かんえい》一八〉年から一八五七〈安政《あんせい》四〉年まで、後者は、一八四〇〈天保《てんぽう》一一〉年から一八五七年まで作られた。そして、一八五九年に作成された最後の風説書は、両者の折衷であり、第三類型とでも呼ぶべきものである。

一八四〇年に別段風説書が成立すると、それと区別する意味でオランダ人はそれまでの風説書を「通常の」風説書と呼ぶようになった。

「通常の」風説書の現存唯一の正本は、一七九七〈寛政《かんせい》九〉年の風説書であり、江戸東京博物館に所蔵され、重要文化財に指定されている。図版を見てみよう。一つ書きで情報が記された後、商館長が内容に責任をもつ意味でひらがなで書かれた自分の名前の下に横文字で自署している。その後に、オランダ船の船長の「申口《もうしくち》」(「話したこと」、「口述」)を正しく和訳したという文言と、それを保証する通詞連名の黒印が付されている。宛所《あてどころ》は書かれていない。つまりこれは広い意味での手紙ではない。供述調書に近い一方通行的な文書である。

「通常の」風説書は当初、年に一通か二通、最大で年に六通、オランダ船の長崎到着直後に作成された。一番重要で確実な情報を持ってきた次期商館長の船が着くと、必ず風説書が作成された。ちなみに、オランダ商館が長崎に移転してから、商館長は毎年交代するようにと、幕府から命令されていた。一人が長く滞在することにより日本人と親しくなって、万が一にもキリスト教の布教に力を貸すことがないようにという意図からである。しかし、商館長が乗った船の到着が遅れるなど、いろいろな理由で商館長が乗っていない船からの情報も聴取され、風説書が作成されることがあった。

一七一五年以降、オランダ船の来航数が厳しく制限されると、それに応じて風説書の数も減った。一八世紀末には、商館長が五年任期で務めることを幕府が許可したので、次期商館

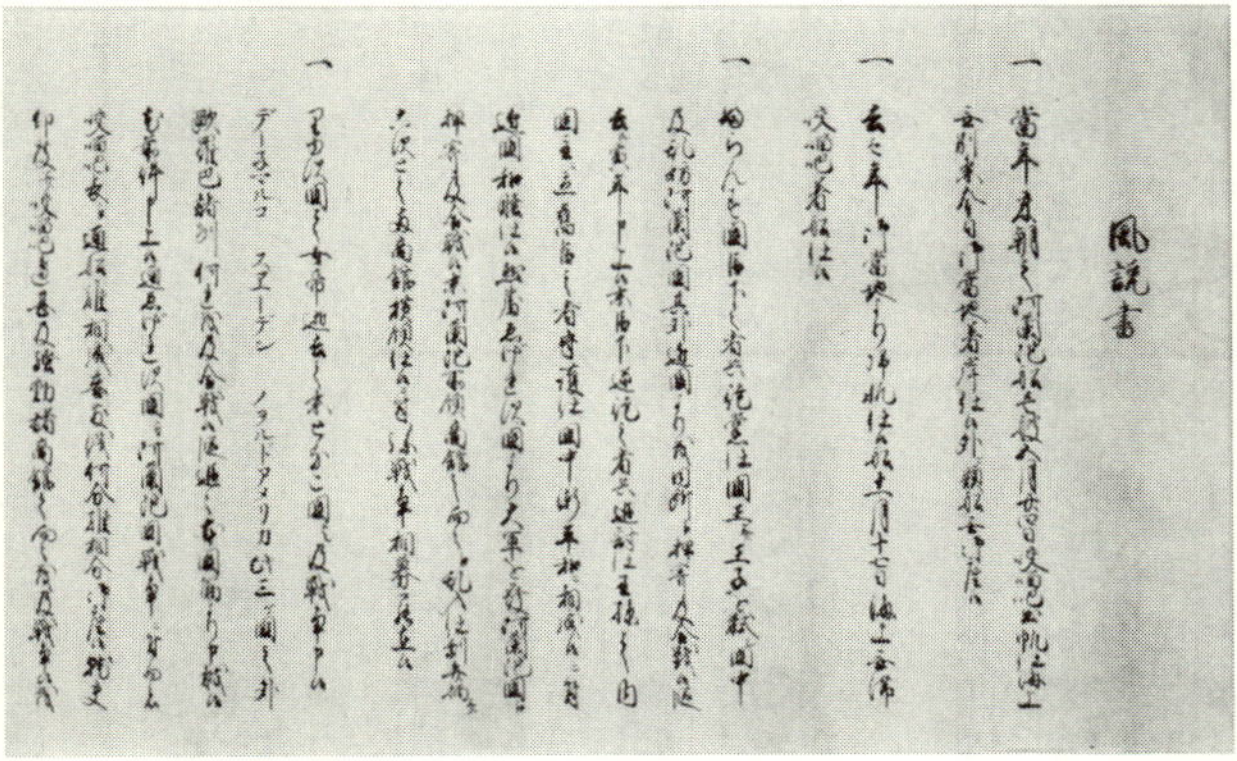

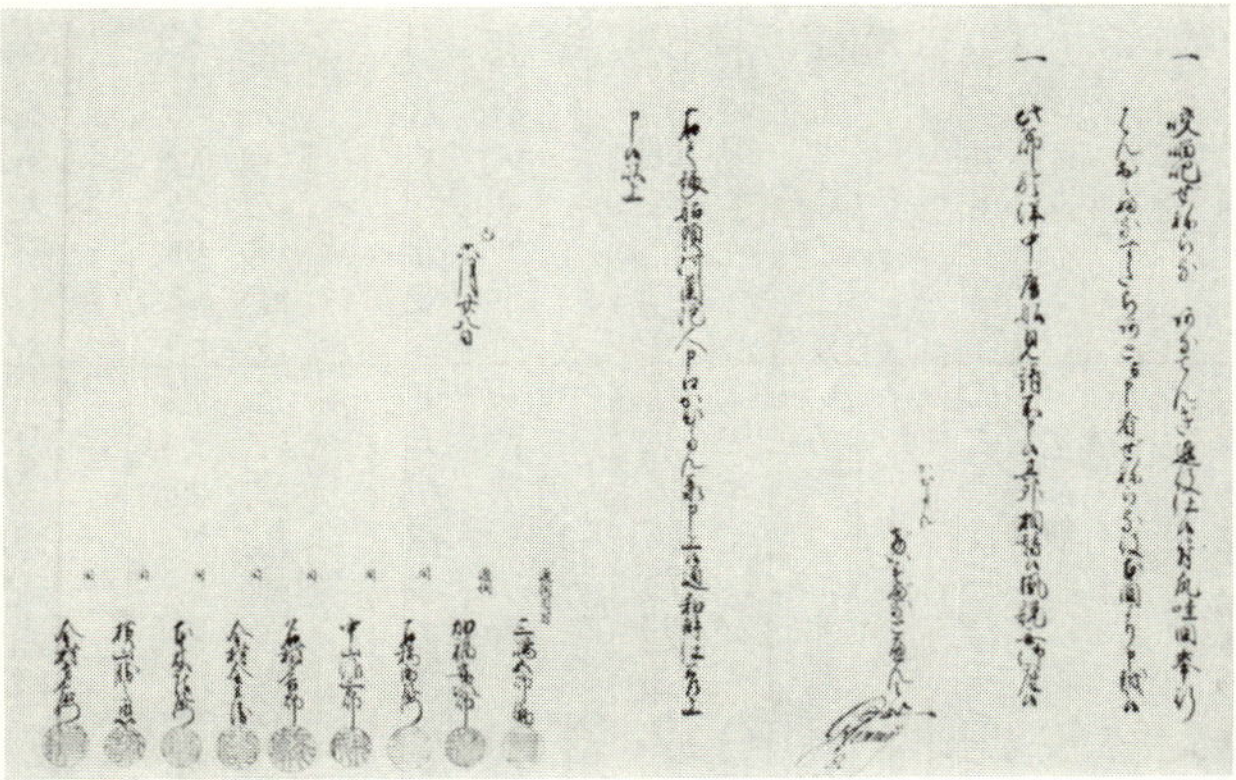

オランダ風説書の現存唯一の正本（上が冒頭、下が末尾）　1797年　江戸東京博物館

長が来ない年は船長や新任の商館員が情報をもたらした。別段風説書は一年に一通作られ、日本に送られてきた。

風説書は、原則として一つ書きと呼ばれる箇条書きで書かれている。「通常の」風説書は、二箇条の短いものから、十箇条を越える長いものまである。別段風説書は、数十箇条に及んだ。

風説書は、オランダについての情報ではなく、オランダ人が持ってきた情報である。内容の主な部分は、ヨーロッパ、西アジア、現在のインド、東南アジアなどだけでなく、アフリカ大陸や南北アメリカ大陸に関する話も含まれていた。「はしがき」で引用したメイランの記述にある戦争や王位の継承だけでなく、盗賊の活動や自然災害などありとあらゆる種類の時事的な話題が盛り込まれた。なかでも重要視されたのは、ヨーロッパの国から使者が来るだろうとか、宣教師が日本に潜入しようとしているとかいう噂、つまり直接日本に関係する情報である。

「通常の」風説書の形式は一七世紀の末に安定した。そのころから、その年に来航するオランダ船の数や、前年日本を出帆したオランダ船がバタフィアに無事に着いたかなどが書かれるようになった。

分厚い研究史

オランダ風説書については分厚い研究史があり、大きく三つの段階に分けられる。第一期は、戦前から一九五〇年代にかけて、第二期は一九六〇年代から七〇年代にかけてである。第三期は、一九八〇年代後半に始まり現在に至る。

第一期の最大の成果は、板沢武雄氏の『阿蘭陀《おらんだ》風説書の研究』（一九三七年）である。氏は、写本「荷蘭《おらんだ》上告文」（学習院大学図書館所蔵）に収められた和文風説書と、一六四四〈正保《しょうほう》元〉年以降のオランダ商館長の日記にある情報提供の記事（これを「蘭文」と呼んでいる）を紹介した。さらに風説書の目的、内容、作成手続きなどについて解説を加えた。この解説は、風説書という文書及び制度について日蘭双方の史料を併用して包括的に論じたものであり、今なお諸研究の基礎となっている。これに続き、前述の風説書正本やその他の写本が続々と紹介された。

第二期の研究は、第一期の成果を土台にそれを発展させたものである。板沢氏や岩生成一氏の指導のもと当時の若手を中心に地道かつ活発な研究が行われ、その成果は『和蘭風説書集成《おらんだふうせつがきしゅうせい》』上・下二巻に結実した。鎖国日本の唯一の窓から入ってきた海外情報という観点から研究が進められ、第一期に提示された基礎的な理解が通説として定着していった。

第三期には、研究の主たる関心は、風説書の内容が日本国内でどのように伝わったのかへと移行した。たとえば、マシュウ・ペリー率いるアメリカ艦隊の来航を予告した別段風説書の内容が、本来の宛先として想定されている幕府だけでなく、通詞から九州諸藩へ、さらには全国の蘭学者や地方の知識人へと個別に伝えられていたことが明らかにされた。ここ二〇年程の諸研究によって、オランダ風説書がもたらした海外情報が、日本国内の政治状況に対してもった意味についての理解は格段に深まった。けれども、風説書がどのように作成されたかについては、昨今の研究も板沢氏の見解とあまり変わっていない。

そこで本書では、オランダ語史料を用い、オランダ側の視点に立ってみることで、今までとは違う見方をしてみよう。いわば現場密着型である。オランダ人にとって、風説書が作成されていく過程はつねに新鮮であり、時に苛立《いらだ》ちのもとであった。そのため、情報の受け渡しの現場に関しては、日本人よりもオランダ人のほうがよき観察者であり、記録者だったのである。そもそも、二者間で伝達された情報の研究に、受け手側の史料のみを用いたのでは不十分だろう。

「原文」が存在したという通説

風説書には、元になるオランダ語の文書があったというのが、いままでの通説だった。けれども、オランダ側には「風説書」に相当する特定の言葉が存在しなかった。かわりに「知らせ(nieuws)」などのいくつかの一般的な用語が使われていた。ということは、オランダ側には特別な文書が存在しなかったのではないか。

この問題について板沢氏は次のように記している。「(「通常の」風説書は)蘭文で認《したた》め、文書として差出したと思われる場合と、商館長が口頭で述べたのを、通詞が日本文で筆記したと思われる場合と二通りある。しかし、〔中略〕口から耳への伝達方法では心許《もと》ないことである。どうしても原則としては、商館長は蘭文にて認めた覚書を呈上するか、もしくはそれを示して、さらにオランダ語または日本語で通詞に説明したものと考える」(『阿蘭陀風説書の研究』)。オランダ人が蘭文文書を提出して、それを通詞が翻訳するのが原則だった、というのである。

片桐一男氏は、いくつかの日本語の記録を比較して、オランダ船の入港手続きに関する研究を発表した。片桐氏は、オランダ船に乗り込んだ通詞が「乗組の人数」、「積荷目録」、「異国風説書」などが記されたオランダ語文書を受け取って、奉行所へ持参し開封の上、出島へ持っていって翻訳をした、としている。

さらに『和蘭風説書集成』が、「収載した和蘭風説書は、蘭文・訳文・和文の三種類を含んでおり」、「蘭文とは和蘭商館長提出のオランダ語原文をいう」としたことで、「通常の」風説書に蘭文が存在したという通説が定着した。

だが「はしがき」で引いたメイランは、オランダ語の文書には一言も言及していない。そこで、「通常の」風説書の原文となる文書はオランダ側に存在しなかったという仮説を立て、史料を見直していこう。

通詞が残した記録

大《おお》通詞見習《みならい》馬場《ばば》為八郎《ためはちろう》が、一八一四〈文化一一〉年に年番《ねんばん》通詞としての仕事を記録した「万記帳《よろずきちょう》」を見てみよう（和暦六月二三日条）。長崎にいた多数のオランダ通詞のうち上位にある大通詞、小《こ》通詞のうち一名ずつが交代で年番となり、その年のオランダ人との関係を管掌した。

一、於かひ丹部屋《カピタンべやにおいて》乙名《おとな》・目付・大小通詞立合《たちあい》、両かひたん《カピタン》並《ならびに》船頭《せんどう》阿蘭陀人風説申聞《もうしきけ》候《そうろう》を書留《かきとめ》、引取《ひきとり》和解《わげ》致《いた》す〔中略〕

一、風説下書《したがき》出来《しゅったい》致候《いたしそうろう》ニ付《つき》、例之通《れいのとおり》中《ちゅう》清書《せいしょ》致し御役所《おやくしょ》え名村《なむら》八右衛門《はちえもん》持参《さん》、御用人《ごようにん》え懸御目《おめにかけ》、入御覧《ごらんにいれ》候処《ところ》、御好《おこのみ》も無之《これなき》ニ付、直《じき》ニ清書致させ候

（『年番阿蘭陀通詞史料』）

最初の一つ書きは、商館長の部屋に新旧の商館長（日本人はポルトガル語で「カピタン」と呼び続けた）、次席（ヘトル）、通詞目付（一六九五年から置かれた通詞の最高職。全通詞の監督をする）、大通詞、小通詞が集まった場面である。商館長と到着したオランダ船の船長が話す内容を通詞が書き取り、その後「和解《わげ》（日本語訳）」したと読める。風説書の「原文」を持ち渡った形跡はない。

日本に来航するオランダ船は、初夏にバタフィアを出帆、夏に長崎に着いた。また、和暦の九月二〇日まで（西暦の一〇月末ごろまで）に長崎を出航しなければならないと幕府によって命じられていた。なお来航数だが、江戸時代を通じて一六六〇年代がもっとも多く一〇数隻、一六四〇－五〇年代、一七世紀の末には、毎年おおよそ五隻が来航した。一七一五年以降は幕府の命令で年二隻に、一八世紀末以降は年一隻に制限された。

したがって夏から秋にかけては、それまで在留していた商館長と夏に派遣されてきた新任の商館長の両方が長崎に勤務し、ときには二人で「新旧の商館長」として行動した。先の引用に「両かひたん」とあるのはそのためである。

そして、二つめの一つ書き。下書きができると、「中清書」（途中段階の清書）を作成して、通詞が奉行所へ持参し、取次を介して長崎奉行の意見を聞く。史料によっては中清書を奉行に見せることを「御内慮相伺《ごないりよあいうかがい》」と表現している。この手続が公式のものではなく、内々のものだったことを示していよう。本来風説書は、オランダ人が語った内容をそのまま江戸の幕府に伝えるものだという建前だった。商館長署名と通詞連印がそれを保証している。奉行に発言権はないはずなのだ。にもかかわらず実際は、奉行の「御好《おこのみ》」つまり修正を求める指示がないかどうかを確認した上で、江戸へ送る清書が作成された。

この史料はオランダ語の「原文」が持ち渡られなかったことを示していると考えられる。しかし日本側には他にもいくつか類似の史料が残っており、中には「原文」の存在をにおわせるものもある。そのため、この種の史料だけでは決定的な証拠としては不十分だと言えよう。

風説書の下書き

代々オランダ通詞を務めた本木《もとき》家には、「本木蘭文」と通称される一群の文書が伝来した（長崎歴史文化博物館所蔵）。その冊子の一つに、「当卯年《うどし》風説申上候横文字」という付箋《ふせん》のあるオランダ語文書が収められている。

この文書は、一七九五〈寛政七卯〉年にオランダ船によってもたらされた情報だと認定されている。筆と墨で書かれておりオランダ語文法上の不備が散見されるので、通詞が書いた蘭文だろう。

ディトマール・スミット船長が指揮する東インド会社の船ウェスト・カペレ号でバタフィアからもたらされた知らせ

〔①〕昨年日本を出帆したエルフプリンス号は、一七九五年一月一日〈寛政六年閏一一月一一日〉バタフィアに到着した。

〔②〕当船ウェスト・カペレ号は、一七九五年六月一三日〈寛政七年四月二六日〉にバタフィアを出帆した。

〔③〕総督ウィレム・アルティングは、東インド総督府の他の高官たちとともに壮健である。

〔④〕ロシア人は、トルコやその他の国々と平和を保っている。

〔⑤〕フランス人は、昨年と同様に戦争状態にある。

〔⑥〕ティツィング閣下は、皇帝陛下〔乾隆帝《けんりゆう》〕への大使として中国に赴き、同地で特別な厚遇を受けた。

〔⑦〕船長スミットは、日本への航海の途上中国のジャンク船をまったく目撃しなかった。しかし、バタフィアから当地まで来るにあたり、中国へ向かうジャンク船一隻を護送した。

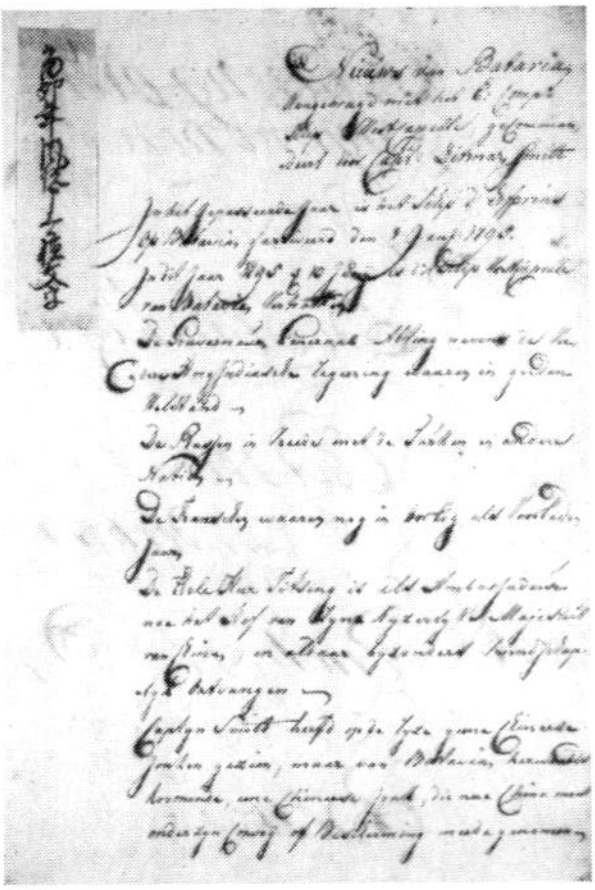

当卯年風説申上候横文字　1795 年
長崎歴史文化博物館

末尾にあるべき日付などを欠いているため、この史料が正式に提出された文書の写しでないことは明らかである。下書きというより翻訳の準備のための文書だったのだろう。もともと七箇条であったと思われる。⑦の、日本への航海途上にジャンク船を目撃したかどうかは、「通常の」風説書の末尾に書かれることが通例だからである。当然ながら航海途中にジャンク船に会うかどうかは、日本に着くまでわからない。このことも、「通常の」風説書が長崎で作成されたと考える根拠の一つである。なお、ジャンク船とは日本人が唐船と呼んでいた船のことである。一七世紀にはシャム王室が仕立てたジャンク船もあったが、主として華僑《かきょう》資本の貿易船である。出港地は、一八世紀の前半までは中国から東南アジアにかけての広い海域にまたがっていたが、一八世紀半ばからは中国（とくに長江下流の乍浦《さほ》）に限定されるようになる。

さて、同年に作成された和文風説書と照合してみよう。かなり内容が異なっていることがわかる。

風説書

〔ⓐ〕一、当年来朝之《らいちょうの》阿蘭陀船壱艘《いっそう》、四月二十日咬𠺕吧《からぱ》出帆仕《つかまつり》、海上無別条《べつじようなく》、今日御当地〔え〕着岸仕候《ちゃくがんつかまつりそうろう》、外に類船無御座《るいせんござなく》候、

〔ⓑ〕一、去年御当地より帰帆《きはん》仕候船、閏《うるう》十一月十一日海上無滞《とどこおりなく》咬𠺕吧《からぱ》着船《ちゃくせん》仕候、

〔ⓒ〕一、去年申上候フランス国戦争未《いまだ》平和不仕《つかまつらず》候に付、印度《いんど》辺諸商館え罷越居《まかりこしおり》候役々之《やくやくの》者共《ども》、今以其儘相詰居《いまもってそのままあいつめおり》申候、

〔ⓓ〕一、此節於洋中《このせつようちゅうにおいて》唐船見請不申《みうけもうさず》候、其外《そのほか》相替《かわり》候風説無御座《ござなく》候

カピタン

げいすべると・へんみい

右之趣、船頭阿蘭陀人申口、カピタン承《うけたまわり》申上候通《とおり》和解仕差上申候、以上、

通詞目付

卯六月六日

通詞

（『和蘭風説書集成』）

幕府に提出された和文風説書は、四箇条しかない。③、④、⑥は、採用されなかったのである。

残った部分を見てみよう。下書きの②が和文のⓐに、①がⓑに相当する。ただし、バタフィア出帆の日付は四月二六日ではなく二〇日となっており、日付換算に間違いがあるようだ。ついでながら、現在のジャカルタは、元来カラパと呼ばれていた。後、ジャヤカルタと改名され、さらにオランダ人が占領してバタフィアと改名された。日本人はこの町を、江戸時代を通じてカラパ（咬𠺕吧）、またはジャカトラ、ジャガタラ（ジャヤカルタの訛《なま》り）と呼んでいた。

⑤は、和文のⓒに相当する。ただし、⑤の内容に加えてインドの諸商館に赴任しているオランダ東インド会社の職員たちはまだ同地に詰めたままだということが書かれている点が注目される。⑦は前半部分のみが採用されて、ⓓの、このたび海上において唐船は見ませんでしたという表現となった。⑦の後半は削除されて、そのほか特別の風説はありません、という言葉に置き換えられている。

風説書が、日付と署名のある正式のオランダ語原文が舶載されてきて、それを翻訳するという種類の文書なのであれば、これほど大きな差異が生じるとは考えにくい。削除された箇条を含め、内容の加除修正は、通詞あるいは長崎奉行の判断でなされたと思われる。ただそ

H・J・ドゥベルス《バタフィア城の眺め》 1650年 オランダ国立美術館

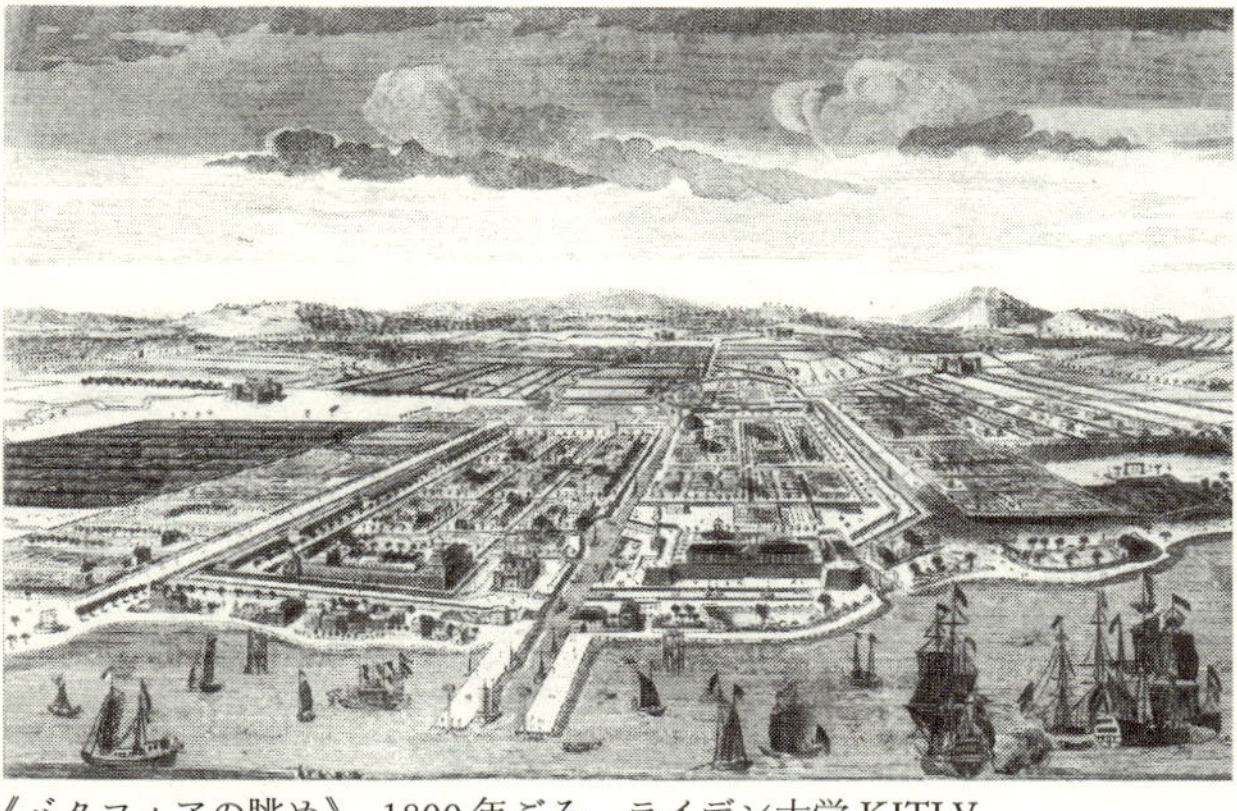

《バタフィアの眺め》 1800年ごろ ライデン大学KITLV

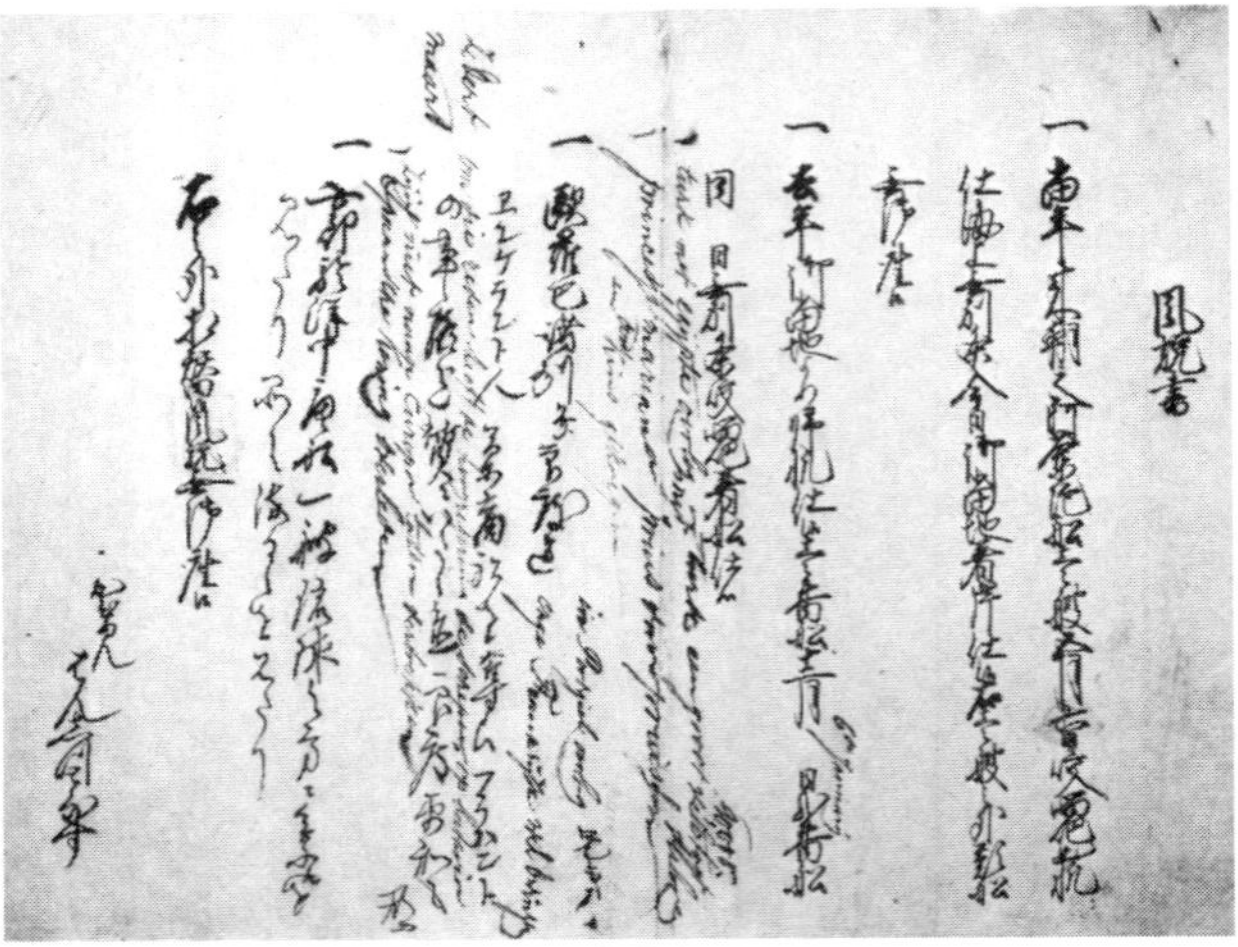

《風説書》 1833年 シーボルト記念館

うした判断の根拠はわかりにくい。とくに⑥は、オランダが中国の皇帝に約一〇〇年ぶりに正式な使節を送ったという重要な記事であり、なぜ訳出されなかったのかわからない。以前日本で商館長を務めたイザーク・ティツィング（一七四四－一八一二）が使節だっただけになおさらである。

もう一つの下書き

「通常の」風説書の下書きと考えられる史料がもう一点、現存する（図を参照）。一八三三〈天保四〉年の風説書のもとになった和文蘭文とり混ぜた文書である。通詞の中山家に伝存したもので、現在はシーボルト記念館が所蔵している（オランダ語部分を残し、［ ］内に和訳を付した。意味が通るように文字の配置を若干改めた）。

風説書

〔A〕一、当年来朝之阿蘭陀《おらんだ》船壱艘五月六日咬𠺕吧《からぱ》出帆　仕《つかまつり》、海上無別条《べつじようなく》、今日御当地着岸　仕候《つかまつりそうろう》、右壱艘之外《のほか》類船無御座《ござなく》候、

〔B〕一、去年御当地より帰帆　仕《つかまつり》候壱番船十二月6de januarij〔一月六〕日、弐番船《にばんせん》同日無別条《べつじようなく》咬𠺕吧《からぱ》着船　仕《つかまつり》候、

〔C〕一、turk met egijpte oorlog, en turk een groot veldtogt 40,000 verloren.〔トルコはエジプトと戦争に及び、トルコは四万人からなる遠征軍を失った。〕

〔D〕一、princesse mariana met prins van pruissen een dood kind gekregen.〔王女マリアナとプロイセン王子の間の子は死産だった。〕

〔E〕in Portugael oorlog〔ポルトガルにおける戦争〕兄弟

〔F〕一、欧羅巴《ヨーロッパ》諸州　並《ならびに》印度《インド》辺、onze Frankrijk wel dwingen〔我々にフランス人が強いた〕エンケラント〔イギリス〕人蘭商船《らんしようせん》を奪ひフラハントの事絶《ことたゆる》迄《まで》質《しち》ニいたし置き、印度平和も乱て zedert maart om die reden heeft de hoog regering de schepen op batavia zijn niet naar Europa laten vertrekken.〔三

月以来東インド政庁はこの理由でバタフィアにいる船をヨーロッパに向けて出発させることができなかった。」

〔G〕一、Spaansche koning overleden.〔スペイン王が死去した。〕

〔H〕一、此節《このせつ》於洋中《ようちゅうにおいて》唐船一艘、琉球之《りゅうきゅうの》方ニ参ルを見たり、品々流るるを見たり、
右之外《のほか》、相替《あいかわり》候風説無御座《ござなく》候、

かぴたん

はん・しってるす

Cは、第一次トルコ゠エジプト戦争（一八三一―一八三三年）を指す。「遠征軍を失った」というのは、一八三二年一二月のコニャの会戦で、オスマン帝国がエジプトに敗北したことを指すと思われる。Dの「王女マリアナ」は、オランダ国王ウィレム一世の娘、ウィルヘルミナ・マリアンヌであり、その夫「プロイセン王子」は、アルブレヒト・フォン゠プロイセンである。Gのスペイン王はフェルナンド七世（一七八四―一八三三）である。

さらに言えば、この文書の裏には鉛筆書きで蘭文が書かれている。これも文法的に整っていないので、通詞の書いたものと思われる。訳出して紹介する。

イギリスとフランスは話し合いによる解決を計画し、それに参加するようオランダ王に強制した。オランダ王がこれを拒否したので、ブラバント〔南部ネーデルラントの一州〕の件が解決するまで、オランダに戻る商船はイギリスとフランスの軍艦によって強制的に抑留されることになった。このため、三月以来オランダ船は一隻も、ジャワからオランダ本国へ向けて出航できないでいる。

表面《おもて》のFの意味が通らないため、あらためてオランダ語で書きつけたものだろう。Fよりはわかりやすい内容となっている。一八一五年のウィーン会議でオランダ王国に編入された南部ネーデルラントが、一八三〇年にベルギーとして独立を宣言した。オランダは、イギリスやフランスが独立を承認したあとも領有をあきらめず、ブラバント地方に軍隊を駐留させていた。この裏面は、撤兵を求める英仏との間の紛争についての記述である。

「原文」は存在しなかった

片桐氏は、この史料を同年に幕府に提出された和文風説書と比較対照した。それによれば、順番が一致しない箇条、下書きにあって和文風説書にない箇条、下書きになくて和文風説書にある箇条がある。片桐氏は、この風説書のうち最重要と判断した部分DEFについて、下

●オランダ風説書の三類型

	作成時期	オランダ語	作成地	政庁の決議
「通常の」風説書	1641〜1857年	なし	長崎	なし
別段風説書	1840〜1857年	あり	バタフィア	あり
第三類型	1859年	あり	長崎	なし

書きから和文風説書が「スムーズに成立していくとはとても思えない」とした上で、「かならずや、もっと詳しく、正確な記載の文面があったに相違ない、と考えざるをえない。これがとりもなおさず、オランダ商館長・カピタンから提出された風説書オランダ語原文中の最重要部分と考えられる」(「海外情報の翻訳過程と阿蘭陀通詞」)とする。

しかし、私はこの史料から、まったく別の結論を導き出したい。もし、オランダ語の原文が存在していたならば、それをそのまま翻訳し、順番を変えたり内容を増やしたりすることなく和文を作成したのではないだろうか。そうなっていない以上、もともと原文は存在しなかったと考えるほうが自然であろう。虚心坦懐《たんかい》にこの文書を読めば、オランダ側が用意してきたさまざまな情報を、通詞が取捨選択し(内々の指示という形で長崎奉行の意思が反映する場合もありうる)、商館長や船長に問い質して新しい情報も付け加えるという試行錯誤の経過を示していると判断できる。「通常の」風説書とは、オランダ人がもたらした情報のうち、長崎の人々が幕府に伝えてもよいと判断した情報なのである。

まとめてみよう。「通常の」風説書は、原則として次のようなやり方で作成された。まず商館長や船長が船からもたらされた情報を通詞たちに口頭で語る。それをもとに、通詞と商館長は風説書に盛り込むべき内容を相談する。相談のために通詞が最初に作成するのは、オランダ語またはオランダ語と日本語が入り混じった下書きである。相談の過程で、その下書きには加除修正がなされる。通詞たちは相談の結果確定された内容を和文に翻訳して清書し（これを中清書と呼ぶ）、奉行に内々の指示を仰ぐ。もし指示がなければ（指示がないのが普通と思われる）もう一度清書する。これは江戸に送られるもので、商館長が内容に責任を負うという意味で署名し、さらに通詞が正しい翻訳であることを保証する意味で連印する。つまり、原文が舶載されてくることはなかったのである。以下、このことを念頭に置きながら、「通常の」風説書の歴史を辿《たど》ってみよう。

第二章

貿易許可条件としての風説書

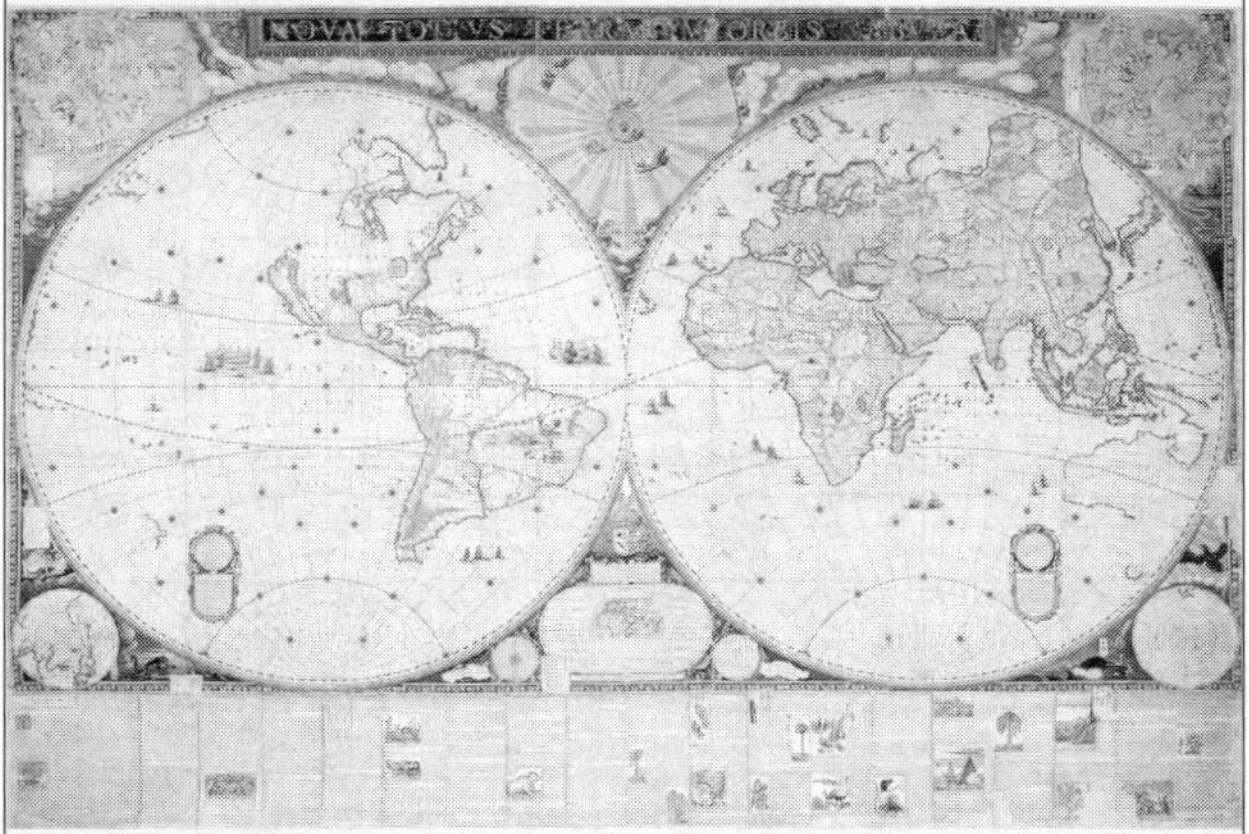

J・ブラウ《世界図》 1648年　東京国立博物館

「四つの口」の整備

関が原の戦いに勝利して国内の覇権を確立した徳川家康は、対外関係をも掌握するべく、豊臣秀吉の朝鮮侵略以来決裂していた明《みん》との国交を自分の手で回復させる途を模索した。しかし、結局は明に拒絶されたままだった。一方で家康は一六〇四年松前藩にアイヌとの交易独占を認めた。一六〇九年には家康の許可を得て、薩摩藩の島津氏が琉球に侵攻し、半ば領土内に収めた。同年には対馬藩を介した李氏朝鮮との貿易が再開された。蝦夷地(北海道)のアイヌは、サハリン(樺太《からふと》)に住むアイヌを介して大陸との交易ルートをもっていたし、朝鮮と琉球は明の朝貢《ちょうこう》国であった。こうして家康は、とりあえず間接的に明との関係を保持しようとした。後に「四つの口」として認識される対外関係のうち三つの原形が築かれたのである。家康の時代には、オランダ船やイギリス船との交易も始まった。また朱印船貿易も開始されたと言われる。つまり、この時期に「鎖国」政策は見られない。

ところが家康が死んだ一六一六年、二代将軍秀忠によってそれまでより厳しいキリシタン禁令が出された。それと関連してポルトガル船は長崎に、イギリス船、オランダ船は平戸《ひらど》にと、寄港地が限定されることになった。三代将軍家光の時代に入った一六二三年、イギリス人はオランダ人との競争に敗れて日本商館を閉鎖。翌年スペイン人は日本渡航を禁止された。

さらに一六三五年には、日本人の海外渡航が禁止され、唐船の入港が長崎に限定された。さらに一六三九年には、ポルトガル人が追放され、一六四一年にオランダ商館が平戸から長崎に移された。これをもって、寛永時代の「鎖国」政策が一応完成した。とはいえ、イギリス人、デンマーク人などが交易を求めてきた場合、それを受け入れるかどうかは、幕府としてもなお未確定なままであった。

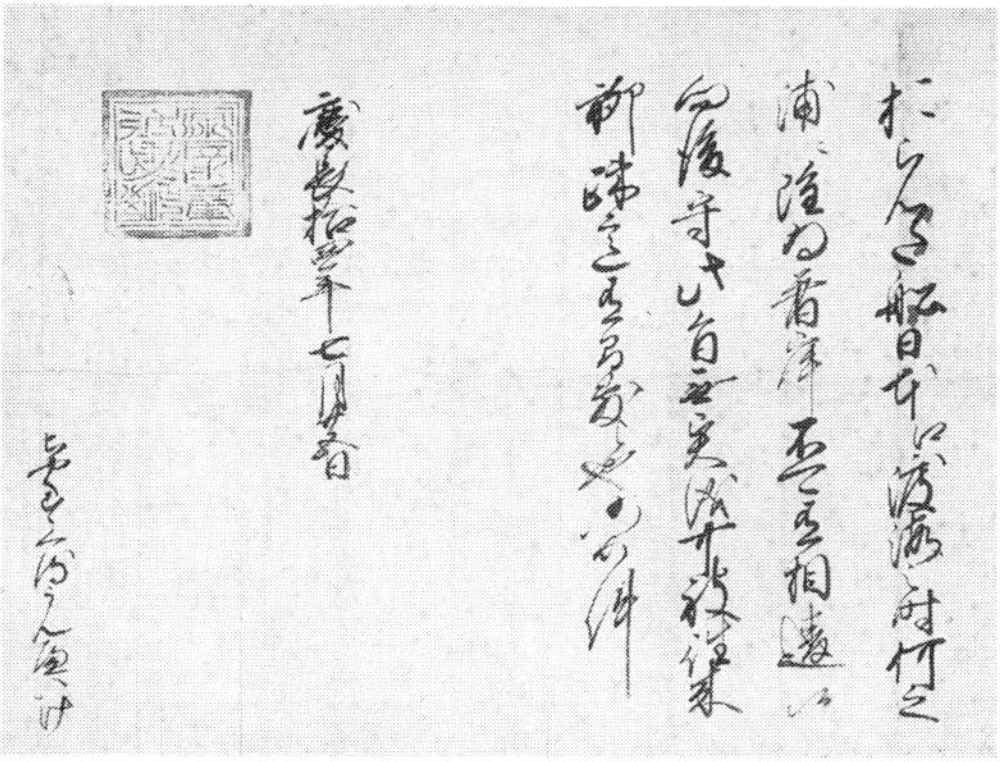

徳川家康朱印状　1609年　オランダ国立中央文書館

秀忠から家光に至る一連の政策は、「四つの口」のうち長崎口を整備する過程だったと言えるだろう。とはいえ、最初から唐人（ほとんどが中国人、華僑だが、一七世紀にはシャム人やトンキン人も一部含まれていた）とオランダ人だけを受け入れる長崎口を作ろうという明確な構想があったとは思えない。ヨーロッパ諸勢力同士の争い、キリシタンの動向、唐船貿易と関係が深い九州諸藩の意向、それらを睨《にら》みながら、長崎口が作られ、「口」は四つに落ち着いたのである。

長崎口での対外関係をかなり限定的なものに抑えることができたのは、他の三つがすでに出来上がり間接的であれ中国との十分な通交が確保されていたからだろう。それと並行して明が一六一〇年代からはっきりと衰えを見せはじめ、一六四四年ついに滅びた。かわって中国を支配した清《しん》が満州人の王朝だったこともあり、幕府はもはや中国との直接の国交を開きたいという希望をもたなくなった。このように家光の時代に、江戸時代の対外関係の枠組みがかなり固まっていった。

しかし、幕府が安心していられたわけではない。一六四〇年に貿易再開の嘆願のためマカオ（澳門。東アジアにおけるポルトガル人の拠点。ポルトガル人が中国皇帝から借り受けていた）の当局から派遣されて来た使節を処刑したため、報復が予想されたからである。また、一六四二年のアントニオ・ルビノ神父一行密入国事件、一六四三年の梶目大島《かじめのおおしま》事件（遠藤周作『沈黙』のモデルとなった宣教師潜入事件）と、宣教師の密入国事件が相次ぎ、幕府は神経をとがらせた。

オランダの動き

一五六八年にスペインからの独立を宣言したオランダ（スペイン領北部ネーデルラント）は一七世紀の前半、黄金時代を迎えていた。一六〇二年に設立されたオランダ東インド会社は、一六四一年にポルトガルからマラッカ（現マレーシア、ムラカ）を、一六四二年にスペインから台湾の基隆《キールン》を奪取した。セイロン（現スリランカ）やブラジルではポルトガルと熾烈《しれつ》な戦争を続けていたが、全体としてはスペイン、ポルトガルの両カトリック勢力が徐々に力を失っていった。

ヨーロッパでは一六四八年にウェストファリア条約が結ばれ、八〇年戦争（オランダ独立戦争）が終結。スペインは最終的にオランダ共和国の独立を承認した。このころから、カトリック教国対プロテスタント教国という従来の図式が崩れはじめた。一六四〇年にポルトガルが、勢力の弱まったスペインの支配下からの独立を宣言した。ポルトガルはスペインとの戦争を有利にするため、一六四一年にオランダと一〇年間休戦する条約を締結する（本国での休戦条約にもかかわらず、アジアではしばしば軍事抗争が起きた）。

オランダ東インド会社にとって、この時期ポルトガル人以上に大きな問題だったのが、明の衰えに乗じて力をつけた東シナ海の海上勢力鄭氏《ていし》である。一六四一年には、鄭成功《ていせいこう》（国姓爺《こくせんや》）の父鄭芝龍《ていしりゅう》（一官《いっかん》）が日本貿易に参入した。その結果、オランダの中継基地タイオワン（現台湾の安平《アンピン》）に中国産生糸が持ち込まれなくなる。一六四六年には、鄭芝龍の根拠地福州《ふくしゅう》が清軍の前に陥落するが、その後も鄭氏の日本貿易は続けられた。東インド会社にとっては、これら中国船の排除が重要な課題となった。そのため、海上における中国船拿捕《だほ》と、幕府に中国船の渡来を禁止させようとする情報戦の二つの方法がとられたのである。

情報提供の義務づけ

従来、オランダ風説書は一六四一年に成立したと言われてきた。しかし、オランダ人が幕府に海外でのポルトガル人の動きを告げることは、商館が長崎に移転する一六三〇年代以前からすでに行われていた。オランダ人は、貿易上の競争相手であるスペイン人やポルトガル人を追い落とすために、彼らの貿易は布教と一体であり、かつ布教の後には軍事的な攻撃や征服を伴うのがつねであると宣伝していたのである。この内容はあながち嘘《うそ》ではない。幕府はカトリック勢力への恐れを一層強めた。つまり、一六四一年は、オランダ人が実際に幕府に情報提供を始めた年次ではない。

一六四一年五月一一日、オランダ商館長マキシミリアン・ル＝メールが江戸に参府した。貿易許可に感謝の意を表するため将軍に拝謁したのだが、その際に二箇条の命令を言い渡された。

一、阿蘭陀之船、至長崎令着岸《ながさきにいたりちゃくがんせしめ》、商売等於右之地可仕《みぎのちにおいてつかまつるべし》、
一、きりしたんの宗門御制禁之上《ごせいきんのうえ》、自然自余《じねんじよ》之船に彼族雖乗来於令存知《かのやからのりきたるといえどもぞんちせしむるにおいて》は、早

速可上啓《じようけいすべし》、万一致隠密《おんみついたし》、後日令露見《ろけんせしむれば》は、阿蘭陀之船日本え渡海《とかい》可停止《ちようじすべし》、
（『江戸幕府日記』）

第一条は、オランダ船は今後長崎にしか入港してはならず、商売も長崎で行うべきこと、第二条は、もしオランダ船あるいは別の船にカトリック教徒が乗っているとわかったならば、すぐに申し出なければならない、もし隠していて後日発覚した場合には、オランダ船の日本渡航を禁止する、という内容である。一六四一年は幕府がオランダ人に情報提供を義務として課した年次なのである。

以前から指摘されているとおり、これが情報提供を義務づけた最初の命令である。なぜ一六四一年にこの命令がなされたのか。まず、二年前のポルトガル人追放によって海外に関する情報源が減少していたからである。また、ポルトガル人の追放を徹底し宣教師の潜入を防止するために、策を講じなくてはならなくなっていたことも理由である。さらに、幕府は一六四〇年にマカオから派遣された使節を処刑したため、ポルトガル人側の報復攻撃が想定されたためでもある。一六四一年から幕府は全国に遠見番所《とおみばんしょ》を設置、真剣な警戒態勢に入る。情報提供の義務づけも、沿岸防備体制の強化と連動するものだろう。同時にこのころオランダ人もカトリックではないが同じキリスト教徒であることを、将軍が強く認識したことも理

由の一つである。幕府はオランダ人にポルトガル人の情報を提供させて、ポルトガル人と同盟していない証拠としようとしたのである。

この命令文が、「情報提供をしなければ、日本渡航を禁止する」という、言わば脅し文句を伴っていたことは注目に値する。つまり、情報提供は日本での貿易を許可するための条件とされたのである。貿易禁止や撤退に追い込まれる可能性が現実にあったため、オランダ商館長や報告を受けたオランダ東インド総督が、この脅しを真剣に聞いたことは確かだろう。

幕府の論理

幕府の建前としては、貿易を望んでいるのは一方的にオランダ人のほうである。オランダ人は通商許可を特別なる愛顧の証《あかし》として感謝し、通商関係の存続のために「奉公」に励むべきだというのが幕府の論理である。情報提供は、将軍に対する「奉公」と見なされた。オランダ人もその理屈を従順に受け入れて見せた。

幕府の論理は一九世紀まで基本的には変わらなかった。ただし、この義務づけには実のところ強制力がないことに幕府は気づいていたと思われる。幕府がもっていたなけなしの強制力は、不十分ではあれ、オランダ人以外の情報源をもっているという事実と、オランダ人が日本貿易の利益をどうしても手放したくなかったということだけだった。しかし、前者は、日本人自身が海外に出て情報を確かめるすべを幕府自らが断ってしまった以上、効果的な圧力になりえない。後者も、オランダ東インド会社の帳簿を見られない幕府にとっては決定的な安心感を与えないものだった。実際には一七世紀、東インド会社全体の利益を日本貿易が支えていたと言っても過言ではないのだが、幕府にはそれがわからなかった。

幕府が情報の提供を公式に「義務づけ」るということは、もしオランダ人が情報を秘匿したり虚偽を述べたりした場合、(本来絶対であるはずの)幕府の権威が日本国内で大幅に失墜することを意味する。にもかかわらず、公式の「義務づけ」に踏み切れたのは、一六四一年の段階でオランダ人による情報提供が既成事実となっていたからだと思われる。つまり、強制力の有無にかかわらず、オランダ人はポルトガル人の情報を提供するだろうという目算が、幕府にはあったからなのである。

オランダ風説書の「成立」

一六三三年以来一八五五年まで、日本に在勤するオランダ商館長たちは「商館長日記」と呼ばれる公務日誌を綿々と書き継いだ。

それによると、一六四一年七月にル＝メールはバタフィアからの書翰により、ポルトガル人がカンボディアに拠点を作り、カンボディア人や中国人を使って巧妙に日本貿易を復活させようとしていることを知った。そこでル＝メールは新しい情報としてそれを長崎奉行に知らせたところ、奉行は満足したようだった。しかも奉行は、通詞たちにその内容を長い日本語の文章に書き取らせ、この新情報はル＝メールから聞いたものであるという証拠書類に仕立てさせた。

これが、一六四一年の命令を受けて作成された、オランダ風説書の第一号である。ただ、ル＝メールは一六四一年の命令をきちんと把握しておらず、情報提供を「義務づけられた」とは認識していなかった。そのため、長崎奉行や通詞たちのこれまでにない大げさな反応を見て、日本人が自分に法外な責任を負わせるつもりではないかと疑念を抱き、そして今後はこの種の情報を告げずにおくほうがよいのではないかと心配した。

長崎奉行はオランダ人の提供した情報に早速飛びつき、自分の手柄とするために過剰なほどの対応をしたのである。その後もしばらくの間は船が入港するたびに、新しい情報を求めて通詞が商館長を訪問するようになった。オランダ人が義務づけられたのは「もし情報があれば」提供することだったが、この奉行や通詞の行動により船が着くごとに情報を提供する結果となったのである。

実際、日本貿易を禁止されて困窮したマカオのポルトガル人は、自分たちの商品を東南アジア各地から唐船で日本へ運んだ。これは、東インド会社にとって不利だったので、この後もたびたびこの件を報告した。ル＝メールの心配は忘れられたのである。

一六四一年秋、新商館長ヤン・ファン＝エルセラックは、同年の幕府の命令をバタフィアに書き送った。総督アントニオ・ファン＝ディーメンは、同書翰と帰任したル＝メールの口頭報告から日本情勢を判断し、対策を検討した。その結果総督は、一六四二年六月二八日付書翰で商館長エルセラックに次のように書いた。

我々は、幕府から将軍の名において、日本に敵対したり日本の平和を乱したりしようとするローマ教徒のあらゆる企てを、できるかぎり暴くよう命令されています。そこで、中国ジャンク船その他の船腹を利用して宣教師たちを日本に送り込もうとする作業がローマ教の聖職者たちの間でしきりに行われているという、我々に有利な情報を機会を逃さず貴下にお知らせします。（『日本関係海外史料　オランダ商館長日記』附録参照）

情報を提供せよという命令を利用して、宣教師が中国船で日本に潜入しようとする動きを、幕府に知らせるよう命じている。オランダ東インド会社にとってこの時期もっとも目障りなのは、鄭氏の率いる中国船だった。そこでカトリック宣教師と中国船とのつながりを強調し、中国船も一緒に日本貿易から排除してしまおうとしているのである。ちなみに、当時のオランダ語史料では「カトリック」という言葉はほとんど使われていない。そのため、引用の際は史料になるべく忠実に「ローマ教」とする。さて、総督はこの引用に先立つ部分で、商館の長崎移転や日本側の強圧的な態度から考えるとオランダにも日本貿易断絶の可能性は十分にあるという懸念を表明している。にもかかわらず、オランダが日本との友好関係を保ち、オランダ人以外のすべての外国人が追放されることを期待する、とも述べている。貿易の断絶を懸念しつつ、それを防ぎ、同時に中国船を追い出すための手段として情報の提供を用いようとしているのである。

バタフィアの総督は情報提供が新たに「義務づけ」られたことを理解した。もちろん総督が幕府の命令に従ういわれはなかった。彼らが従うべきはオランダ本国の会社重役会であって、それ以外の誰でもない。この命令に従う唯一の動機は、それが日本貿易の利益を確保するために必要だという認識だけである。実際、情報提供の義務づけは東インド会社の利益を増すための環境整備となった。競争相手であるポルトガル人や中国人、とくに鄭氏勢力との対抗関係を有利にするため、相手に不利な情報を幕府に堂々と流す機会を与えられたことになるからである。

ポルトガル使節来航情報

この時期にオランダ人が行った情報提供の一つの例として、一六四七年のポルトガル使節来航事件を見てみよう。この事件は、情報提供の義務を怠ったという理由でオランダ人が後に譴責《けんせき》される点で、重要である。

まず、使節が日本に到達するまでの動きを簡単に確認したい。一六四三年初頭にマカオからポルトガルの首都リスボンに使者が送られ、日本貿易の窮状と日本に送ったマカオの使節が長崎で幕府に処刑されてしまったことを訴えた。ポルトガル王ジョアン四世は、名目上はポルトガルのスペインからの独立を告げるため、実際には貿易再開を願うために、日本に使節を送ることを決めた。

一六四四年二月に、使節は二隻の船で出発した。ただ途中で暴風に遭い、使節の乗った一隻はスンダ海峡（スマトラ島とジャワ島の間）付近でオランダに保護を求めた。同船はバタフィアに移され、ポルトガルがゴア（アジアにおけるポルトガルの本拠地）にオランダ船パウ号を抑留していたことへの対抗措置として抑留された。約四カ月後パウ号解放の報とともに、オランダ東インド総督から航海士などを借りてマカオに着いた。

ポルトガル使節はその後一度ゴアに戻り、一六四六年八月ふたたび日本をめざした。ところが、マカオを出帆したのが八月半ばと遅く、琉球あたりで北風となったので、あきらめてマカオに帰った。一六四七年七月使節は三度目の航海を行い、同月中にようやく長崎に到着した。

こうしたポルトガル使節の動きをどのように日本人に伝えたのか、オランダ側の史料から見てみよう。

この使節派遣計画を日本商館が知ったのは、総督ファン＝ディーメンから届いた一六四三年五月九日付の以下のような書翰による。このときには、まだ使節はポルトガルを出帆しておらず、あくまで計画段階である。

　マカオのポルトガル人が、中国人と協力して日本貿易を行おうと試みていることは明らかです。この動きについて我々の友である日本人〔井上政重《いのうえまさしげ》や牧野親成《まきのちかしげ》などを想定している〕に知らせてください。〔中略〕

　ポルトガル人は、ふたたび日本に来たいという希望を持ち続けており、彼らの王が日本に特別の使節を派遣してくるだろうと公言しています。我々の友人たち〔井上や牧野〕の意見について、この先の状況がどうなるのか情報を集め、可能な限りあらゆる妨害策を講じてください。

　また、もしイギリス人やデンマーク人がいつの日か日本に現れたら、日本人はどのように遇するつもりか探ってください。他の諸国民を排して、我々だけが日本に渡航し貿易することができるよう取り計らうように。オランダとの排他的な関係が日本に安心と安らぎをもたらし、満足を与えるはずだ、と説明してください。

つまり、日本貿易独占のための情報戦をしろという総督から日本商館への指示である。第一段落は、中国船の日本貿易妨害策の一環として、マカオのポルトガル人と中国船の結びつきをオランダ人に好意的な幕閣の要人たちに告げるように命じている。中略部分では、ルビノ神父一行が日本へ渡航したという情報を通詞や出島乙名の海老屋四郎右衛門《えもん》に伝えることを命じ、中国人が協力していることをあえて付け加えさせている。この例のようにオランダ人は、ポルトガル人が中国人と協力して日本でキリスト教徒を布教しようとしていると繰り返し語った。この方法であわよくば最大の競争相手である中国人をも日本貿易から追い落とそうとしたのである。第二段落が、ポルトガル使節の情報である。使節が目的を達しないように妨害せよと指示している。第三段落では、イギリス人、デンマーク人が貿易を願った場合の日本人の対応を調べよ、と命じている。総督は、他のヨーロッパ人を排して日本貿易を独占できると確信していなかったことがわかる。ポルトガル人が日本貿易に再度参入してくることもありうると総督は考えていたようである。

通詞の影響力の大きさ

新商館長エルセラックは一六四三年一〇月一日付の総督宛書翰で以下のように返答した。

ポルトガル人が日本で許容される可能性は、現在の将軍が生きているかぎりまったくありません。海老屋四郎右衛門殿や通詞たち（彼らはすべて友人であり、我々は彼らとは自由に話すことができますが、彼らの同席なくしては、立派で知識ある人々と交際することは許されていません）と、ポルトガル王が日本への特別の遣使を準備しているというポルトガル人の証言について、詳しく話をしました。もしポルトガル人が日本に現れたならば、二年前よりも格段に苦痛を伴う死をもって殺されるだろう、と通詞は我々にはっきりと請け合いました。

イギリス人、デンマーク人、フランス人及びその他のキリスト教国民が日本に現れた場合、我々オランダ人と同じように良い待遇を受けるのは疑いなく、それを我々の力で防ぐことは不可能です。

貴下の指図に従って、ポルトガル人がカンボディアやその他の土地でしていることについて、四郎右衛門殿や通詞たちに話しました。ポルトガル人が中国人を使った日本貿易を止めないだろうこと、ポルトガル人宣教師をもって日本を混乱させようとしていることを、彼らはとてもよく理解しています。しかし、通詞は我々に以下のように忠告しました。すなわち、尋ねられないかぎり、奉行にはポルトガル人の行動について話さないほうがよい、ポルトガル人とオランダ人が敵同士であり、互いに他方について悪口しか言わないことはよくわかっているから、と。

この書翰でエルセラックは、総督書翰の指示に一つ一つ答えている。少し補足しておこう。総第一段落では、使節は目的を達することができないだろうという見通しを示している。総督は、親オランダ派の幕府要人に伝えるよう商館長に命じたのだが、日本の現状ではそう簡単に彼らとは話せなかったのである。ポルトガル使節の件は、その後江戸で宗門改役井上政重らに質問されたりした形跡はない。使節派遣の信憑《しんぴょう》性を疑った出島乙名、通詞の判断で奉行には伝えられなかったか、または奉行が江戸に報告しなかったのだろう。

第三段落では、日本貿易から中国船を排除するための情報活動を単なる誹謗《ひぼう》中傷と思われないためにあまり言わないほうがよいと通詞から忠告されたことを報告している。ポルトガル人が中国船を使って宣教師を送ろうとしているといった情報を、オランダ人はこれまでも繰り返し伝えていた。そのたびに中国人、オランダ人双方の意見が徴《ちょう》されたが、奉行もどちらの意見を取るべきか決め手がなかった。それゆえ、通詞はこのような忠告をしたと思われる。幕府の命令と矛盾しているように見えるが、ポルトガル人と中国人が協力して日本布教をするという内容自体にも説得力が欠けていたし、幕府も長崎の人々も中国人の商人を必要としていたのではないだろうか。だから、通詞としてはあまり奉行に聞かせたくない内容だったのだろう。このように幕府の命令の運用を実質的に行っていたことから、情報提供の現場における通詞の影響力の大きさが窺《うかが》われる。結局、情報戦によるオランダ人の中国人追い落としは失敗した。オランダ人の情報提供に幕府が期待していたことは、やはりヨーロッパ人の動静の報告だったのではないか。ポルトガル人に対して使った方法を中国人に対しても用いようとしたことにもともと無理があったとも言えるだろう。

ポルトガルとイギリス共謀の噂

一六四四年二月にはポルトガル使節が第一回の航海に出発したが、バタフィアではそれを早期に知ることができなかった。総督ファン＝ディーメンが商館長エルセラックに宛てた同年五月二日付書翰には、「ポルトガル人は日本へ航海することに絶望しはじめているようです」とある。さらに、日本貿易をオランダ人が独占する状況が望ましいが、それはエルセラックの判断どおり難しいだろうこと、とはいえ、ヨーロッパの他の国がもし参入したとしても日本でのさまざまな貿易上の規制に耐えきれずいずれは出ていくだろうこと、さらに当面はフランス、イギリス、デンマークの東インド会社の参入を恐れる必要はないだろうことを記している。総督は、日本貿易の独占を脅やかすいくつかの動きの一つとしてポルトガル使節を見ているることがわかる。

ところがこの後、イギリス船がインドのゴアからコーチン（インド西岸南部の都市）、マカオ経由で日本に来ようとしているという情報がバタフィアにもたらされた。そのため、同年七月四日付の書翰で、ファン゠ディーメンは次のようにエルセラックに指示した。

イギリス船ウィレム号が日本において利益を得る計画であることは疑いなく、長崎か平戸に現れることは間違いありません。この船がどのように行動し、日本でいかに取り扱われるかということに、私は強い関心をもっています。それゆえ貴下は長崎の奉行に、彼を苛立たせない範囲で可能なかぎり、このイギリス船との交渉によって日本が出会う不安や危険を説き、イギリスとの貿易が阻止されるよう誘導し、イギリス人が日本への来航を禁止されるまで実行しうることはすべて行ってください。

（『日本関係海外史料　オランダ商館長日記』附録参照）

商館長日記九月二六日条によると、一〇日程前に長崎で捕縛された中国人キリスト教徒が奉行に拷問されて、以下のような供述をした。イギリス船がポルトガル商品を積み、マカオから日本への渡航を計画している。その船でマカオのポルトガル人も日本貿易が再び許可されないか探るため来るだろう。奉行は「驚愕《きょうがく》し、この話を部分的にせよ予告していたオランダ人の誠実さを評価し、イギリス人が長崎に来たならば容赦なく殺し、船と商品を燃やして灰にしてしまうだろうと、我々オランダ人に保証した」。これよりも前の段階で、総督の指示通り商館長から奉行に書翰の内容が伝えられていたのだろう。

一六四五年二月、参府していた商館長ピーテル・アントニス・オーフルトワーテルは、井上政重からさまざまな質問を受けた。井上は、キリシタンの取り締まりを担当する宗門改役という役職にあった。そのため商館長参府の機会を利用してオランダ人から直接ポルトガル人などについての情報を得ようとしたのである。ゴアからバタフィアへの距離、ポルトガル船が来航する際イギリスが援助をする可能性、マカオのイギリス船が日本に来た場合乗組員を殺したらイギリス人は復讐《ふくしゅう》するか、イギリス人とポルトガル人が連合すれば日本に損害を与えるほど強力になるか、などである。このころマカオからイギリス船ないしポルトガル船が来るということがかなり確実な情報として幕府内で認識され、対策が協議されていたらしいことがわかる。なお、ポルトガル使節とイギリスとの関係の取り沙汰《ざた》はなぜかこの年で終わっている。

ポルトガル使節のバタフィア寄港

一六四五年二月ごろからポルトガル船来航に備えて九州の軍事的な防衛体制が強化されたことは、山本博文氏が指摘している。契機の一つは、中国船に便乗して来たマニラの宣教師が拷問されてマカオからの使者が貿易の再開を嘆願しに来ると言ったことであるが、オランダ人からの情報も踏まえられていた。

一六四五年六月三日付でバタフィアから日本商館に送られた書翰は、ふたたびポルトガル使節に言及する。

どうやらポルトガル人は、かつて日本で味わった利益をまだ忘れていないようです。去年ポルトガル王は二隻のガリオン船をマカオに直行させましたが、そのうちの一隻は哀れにもバタフィアの港に寄港せざるをえず、去る四月初頭に当地よりマカオへの航海を再開しました。この船でポルトガル王ドン・ジョアンの特使が、日本の将軍に同国での通商を以前の状態に戻してもらうよう願うため、本国からやってきました。とはいえ、日本で殺される覚悟で彼が派遣使節の任務を実行に移すかどうかは甚だ疑問です。けれども、貴下はこのことを日本人に知らせる必要があるでしょう。そうすれば、幕府の命令どおり日本に対して企てられている悪事を前もって告知したと見なされるでしょう。イギリス人やデンマーク人が今年日本へ向かうとは聞いていません。

（『日本関係海外史料　オランダ商館長日記』参照）

ポルトガル使節のバタフィア寄港は後に問題となるが、少なくとも日本商館員には正確に伝えられていたことがわかる。日本人には隠しておくようにとは指示されていない。この書翰は、ポルトガルとの休戦を徹底するようあらためて本国から指令が発せられたことも伝えられ、日本人がそれを喜ばないことを危惧《きぐ》しつつ、以下のように述べる。

この休戦を秘密にしておくことはできないでしょう。ですから、他の人々がそれを知らせる前に、貴下が日本人にそれを知らせるほうがよいでしょう。もし誰かに先を越されれば、日本人はオランダ人にすぐにも悪感情を抱いてしまうでしょうから。

（『日本関係海外史料　オランダ商館長日記』参照）

この書翰を受けて、商館長オーフルトワーテルは、ポルトガル使節について、バタフィアにいたとは言わず「バタフィアから遠くないところにある都市バンタムにいたと言われている」と、若干のごまかしを加えて通詞に話した。またオランダとポルトガルとの休戦についても伝えた。通詞は、使節について奉行に知らせるのは後続の船が到着するまで延期すべきだと言った。しかし、休戦については奉行に報告されたものと商館長は理解した（実は知らされていなかったことが翌年明らかになる）。

一六四五年九月七日、五隻めのオランダ船が入港した。その船から得たポルトガル使節に関する情報を商館長はつぶさに奉行に報告した。すると、こんなにも詳細にオランダ人がこの件を報告したことに奉行は満足していると、知らされた。

年明けて一六四六年二月、参府した商館長レイニール・ファン゠ツムは、将軍の側近久世《くぜ》広之《ひろゆき》や牧野親成、江戸在勤の長崎奉行馬場《ばば》利重《としげ》から、ポルトガルから日本に派遣された使節のことを知っているかと質問された。ファン゠ツムは、知っている、だが彼が当地に来る勇気があるかどうか我々は疑っていると答えた。長崎奉行だけでなく久世や牧野もこの問答に参加していることは注目していい。ポルトガル使節についてオランダ人が長崎奉行にきちんと報告しているという事実は、幕府中枢も認識していたことがわかるからである。

一六四六年八月一三日には、オランダ船の船長からポルトガル使節がいよいよ来るらしいという出所の怪しい噂が日本商館に伝えられた。商館長は、確報とは言えないがと言い添えて、通詞たちに知らせた。

同月二八日に商館長に届いたバタフィアからの六月一八日付書翰には、ポルトガル使節の来日は確実なので、「もし、この書翰を受け取る前に使節が日本に現れていなければ、使節が来ると奉行たちに知らせてください」との指示がある。同書翰では、イギリス人やデンマーク人は今年は日本へ向かわないようだ、という観測も示されている。商館長は書翰が届いたその日に、ポルトガル人がゴアからの使節派遣を実現させるだろうという情報を奉行に通知した。ここまでが、使節来航以前の情報提供の経過である。

オランダとポルトガルの休戦

関連があるので、ポルトガルとの休戦に関する商館長日記の記事も紹介しておこう。一六四六年九月、前年奉行に知らせたはずの休戦徹底の知らせが通詞によって握りつぶされていたことが明らかになった。新旧商館長は通詞たちを呼び出して、次のように言い渡した。

最悪の場合、休戦の合意はオランダ東インド会社の敵〔おそらく中国人〕から奉行たちに伝えられてしまうかもしれない。そのときには、我々が黙っていたことによって多くの難題が持ち上がりかねない。したがってポルトガル人との合意を我々の方から明らかにし、それによって我々の率直さと誠実さを証明して、あらゆる疑念を取り除くことが賢明だと思う。

（『日本関係海外史料　オランダ商館長日記』参照）

しかし、通詞たちの意見は次のようなものだった。

これは非常に熟慮を要する難題である。とくに二隻のガリオン船で来つつあるポルトガルの使節の情報に、オランダとポルトガルが休戦したという情報が重なると、あらゆる種類の悪い憶測を招いてしまう。そう、その使節は我々オランダ人の助言と同意を得て日本へ向かって出発した、などというように疑われるだろう。

（『日本関係海外史料　オランダ商館長日記』参照）

使節の来航が休戦と結びつけて解釈され、奉行や幕府にオランダとポルトガルの共謀という不要な疑念を抱かせないように、通詞たちは休戦の情報を故意に隠していたのだ。驚いた商館長ファン゠ツムは、休戦徹底の命令がオランダ本国から出されたという事実を奉行に告げるよう命じ、それをうけてとうとう通詞は奉行に告げた。

幕府の譴責

翌一六四七年、最初のオランダ船が到着する前に、ポルトガル使節は長崎に来航してしまう。そしてこの使節が、日本への途上バタフィアに立ち寄り補給を受けたと証言した。そのため、幕府はオランダ人に対してポルトガル人援助の疑惑を抱き、一六四八年初頭に参府した商館長フレデリック・コイエットは将軍への拝謁を許されなかった。日本国内で公式に説明された理由は、ポルトガル船が今年夏に日本に来ることを聞いていたならば早速報告するべきだったのに、その義務を怠ったので不届き至極というものだった。今まで何かにつけてオランダ人をかばってきた井上政重は、オランダ人を弁護しようとしたという理由で将軍に叱責され、七箇月間出仕できなかった。

一六四八年九月に新商館長ディルク・スヌークが長崎に来着、すぐに弁明書を提出した。それでもスヌークは江戸に参府する許可さえ得られなかった。オランダ人がポルトガル使節の日本渡航を援助したという疑念の尋問のため井上政重と二人の長崎奉行が長崎に来て、新旧商館長コイエットとスヌークに、次のような将軍の言葉を告げた。今後もし中国人やその他の経路でオランダ人が使節を援助したことが証明されたならば、オランダ人の日本貿易を禁止し厳罰に処するであろう。

井上と長崎奉行は、そのような最悪の事態を防ぐためポルトガル人とは交流せず、とくにカトリック教徒を日本に連れて来ないよう細心の注意を払うように告げ、また、そのことを誓約する書面を出すようにと二人に勧めた。新旧商館長はその勧めに従い、二度目の誓約書を提出した。にもかかわらず四九年の商館長参府はとうとう許されなかった。一六四八年と四九年には、それまで毎年参府の際に商館長に申し渡されていた怠りなく情報提供をするようにという命令すらなされなかった。オランダ人は情報提供者として信用されていなかったことが窺われる。

一六四九年九月に、オランダ本国からと称して実はバタフィアで仕立てられた使節が到着した。これは、ブレスケンス号事件(一六四四年に陸奥国南部領山田浦に入ったオランダ船の乗員が、南部藩に捕えられ江戸に護送されて、結局オランダ商館長に引き渡された事件)に対する将軍の寛大な措置への返礼のためという名目の使節であった。これが将軍家光の怒りを解くのに功を奏したと思われる。

一六五〇年初頭にはポルトガル使節を援助したという問題も一応解決したとされ、商館長の参府が許された。井上と長崎奉行は、参府した商館長に以下のように伝えた。何人かの中国人がその件はポルトガル使節が言ったとおりだと証言したにもかかわらず、将軍は満足な証人がいないから真実を確認することはできないと判断し、ポルトガル使節の言明が真実であろうとなかろうとオランダ人を信用し、赦し、自由に貿易をすることをお許しになった。

しかし一六五〇年、五一年の参府時には、商館長は拝謁の許可を得るまで江戸で何箇月も待たなくてはならなかった。将軍家光の病気が大きな原因だったのだが、商館長は誤解がとけ日蘭関係が完全に修復されたとは認識しなかった。商館長がそれを認識するのは、一六五一年に家光が世を去り、新将軍徳川家綱の代になってからのことである。

第三章

風説書の慣例化

「出島」 19世紀半ば ロッテルダム海事博物館

東アジア動乱の最終局面

本章で扱う一六六〇年代から七〇年代、日本は四代将軍徳川家綱の治世であった。家綱は一六五一年数え一一歳で将軍となり、幕政は一時不安定となった。けれども家光以来の閣老たちが集団指導体制で支えた。それにより、江戸幕府は将軍の年齢や資質に左右されない政権となっていったのである。一六五九年に家綱が元服した。それと前後して前将軍家光以来の閣老が次々と引退、死亡し、一六六〇年代に家綱政権独自の動きが現れるようになった。その一環として、従来大目付と兼帯の一人体制であった宗門改役が、一六六二年に作事奉行と兼帯の一人を加えて二人体制となった。一六七三年にはイギリス船リターン号が通商を求めて長崎に来航したが、要求は拒絶された（リターン号事件）。

オランダはイギリス、フランスとの戦争で次第に衰退した。第二次（一六六五―一六六七年）、第三次（一六七二―一六七四年）の英蘭戦争、さらにネーデルラント継承戦争（一六七二年フランスのルイ一四世がオランダに軍隊を侵攻させた。オランダ侵略戦争ともいう）など、打ち続く戦争で経済的繁栄が失われていった。一方、ポルトガルとは一六六一年に平和条約を締結、それまでにアジアで奪っていた根拠地を確保した。

東アジアでは、長く続いた動乱の時代が最終段階を迎えていた。一六六一年オランダ東インド会社は鄭成功（国姓爺）に根拠地の台湾を奪われ、日本貿易のための中国産生糸を入手できなくなった。鄭成功は翌年死亡するが、その子孫は清朝に降伏するまで二〇年あまり台湾島を支配した。オランダ東インド会社は台湾を奪われた報復として日本に渡航する鄭氏船を盛んに攻撃、鄭氏側もオランダ船への襲撃を繰り返した。長崎奉行所はこの争いの調停を双方から要請されたため、幕府はオランダ人に中国船攻撃を禁止する命令を出した。清朝は服属しようとしない鄭氏の動きを封じるために、一六六二年遷界令《せんかいれい》を布《し》き沿岸部の住民をすべて内陸に強制移住させた。

消えてしまう情報

一六六五年、江戸の定宿である長崎屋（現在の中央区日本橋室町《にほんばしむろまち》四丁目、JR新日本橋駅のあたり）に滞在していた商館長のもとに、宗門改役北条氏長《ほうじょううじなが》、保田宗雪《やすだむねゆき》の使いが訪ねて来た。そのときの様子を、商館長ヤコブ・フライスは以下のように記録している。

　正午過ぎ、通詞のシノシェ殿が宗門改役の命令で、ヨーロッパでは戦争をしているのかいないのか、すべてが平穏なのか、またオランダ東インド会社の状況はどうか、ということを聞きに来た。

我々は彼に以下のように答えた。ポルトガル副王の使者がゴアからバタフィアに来て、最近オランダ東インド会社に占領されたコーチンとカナヌールという名のポルトガル人の諸都市〔現在のインドにある〕の明け渡しを要求した。それに対して総督は笑って、我々は武力でそれを手に入れた、もし取り戻したいのなら同じ方法でやってみたらよかろうと答え、使者を帰したことも話した。

この最後の点はとてもシノシェ殿の気に入った。今までそのことをまったく知らなかったからである。私は非常に驚き、そのことは、去年船が着いたときすでに長崎奉行の黒川与兵衛《くろかわよへえ》〔正直《まさなお》〕様に知らせてあると言った。

北条安房守《あわのかみ》氏長は、幕府の宗門改役として井上政重の跡を継ぐ人物だった。北条はポルトガル語を話す日本人通訳を井上から引き継いで個人的に抱えていた。彼の本名は不明だが、オランダ人は「シノシェ〔しんちゃん?〕」と呼んでいた。オランダ人は彼に相当の愛着と敬意をもっていたようである。それは彼のポルトガル語が優れていたからでもあろうし、宗門改役の懐刀《ふところがたな》と思われていたからでもあろう。

シノシェは商館長にさまざまな質問をしたが、返答の過程で商館長は驚くべきことに気づいた。ゴアからの使者がバタフィアに来て領土の返還を要求し、オランダ東インド総督がそれを拒否したという話を、シノシェが知らなかったのである。フライスは前年オランダ船が入港したときすぐ長崎奉行に伝えたはずだと主張した。長崎奉行に伝えた情報はもちろん江戸の幕府に報告され、当然北条は知っており、北条の命令で情報を聞きにきたシノシェもきっと知っているだろうとフライスは信じていたのである。

ポルトガル人が日本でのキリスト教布教を計画しているのではないかと幕府はいまだに警戒していた。だから、宗門改役はポルトガルの動きに責任と関心をもっているはずだった。

葛飾北斎《画本東都遊》「長崎屋」 1802年
たばこと塩の博物館

しかしこの情報は、長崎の通詞から江戸の宗門改役に至る道のどこかで消えてしまったのである。シノシェが北条氏長からすべての情報を明かされていたという証拠はないので、宗門改役からシノシェの間で消えた可能性もないとはいえない。けれども、北条の腹心としてこの後「御法令」の運用を任されるほど信頼されていたシノシェが、知らなかったというのは不自然である。

情報は長崎の通詞のところで操作されていた公算が高い。長崎の通詞は、ポルトガル人の使者が総督と話をしたというだけで、ポルトガル人とオランダ人の同盟が幕府によって疑われることを心配する傾向にあったからである。

したがって、オランダ人はいつ何を語ったのかという証拠として後日使えるような文書が、オランダ人側にも幕府側にもあったとは考えられない。一六六四年の風説書の内容は、口頭で伝えられたから消えてしまったのである。そして、これからはそのような情報が消えてしまわないようにするための方法が模索されたのではないだろうか。すなわち、長崎から江戸へ正式な書面を送るということである。

和文文書の作成命令

一六六六年五月には、「御法令」に以下の言葉が追加された。

阿蘭陀往来之《の》国々之内、南蛮人と出《で》合候《あいそうろう》国可有之《これあるべく》候間、弥《いよいよ》南蛮人と通用仕間敷《つかまつるまじく》候、若《もし》出合候国於有之《これあるにおいて》は、其国其所之《そのくにそのところの》名《な》具《つぶさ》に書注之《これをかきしるし》、毎年着岸之《の》かぴたん長崎奉行人《にん》迄可差上者也《さしあぐるべきものなり》、

（『通航一覧』）

オランダ人が貿易をしている土地でのポルトガル人やスペイン人との通交を禁止する、もし彼らと出会ったならばその土地の名前を書面で報告せよという内容である。とくに、「書注之《これをかきしるし》」と初めて書面による情報提供を意味する文言が現れるのが注目される。江戸において可能なかぎり正確に、またオランダ人の責任を明確にする形で提供された情報を把握しようとする意図が感じられる。当初、情報提供義務は、日本に対し直接何かが企てられた場合のみを対象にしていた。それに対し、この追加部分はポルトガル人らの所在情報を全般的に提供させようとするもので、報告の対象範囲を広げたものだと言える。

一六六六年フライスの後任ウィレム・フォルヘルが参府したときにも、通詞シノシェは大目付兼宗門改役である北条氏長の使いとして商館長を訪問した。

北条安房様によってシノシェ殿が我々の宿所に派遣されてきた。我々から聞き出したことを書面にして北条様の邸にもたらすためである。オランダ人は東インドのどの地域でポルトガル人と商売上の付き合いがあるのかと質問しに来たのだ。

この不思議な、非常に稚拙とも言える質問に対して、我々はポルトガル人と付き合いがあるわけではないが、商人として交渉があるのは以下の土地であると私は答えた。

すなわち、トンキンとシャム〔中略〕、マカオ〔中略〕、スラトとベンガル〔中略〕、ソロルとマカッサル〔中略〕。

シノシェ殿はこれをそのまま書面にしたため、口頭で彼の主人〔北条氏長〕に説明するべきことをきちんと理解して帰った。すなわち、オランダ人とポルトガル人はいくつかの土地で商売上の付き合いがあるように見えるかもしれないけれども、両者は無関係であり互いに相手を破滅させようと努めているということである。

商館長日記を見ると、翌日フォルヘルが登城した際に伝えられた将軍の命令には、先に挙げた「御法令」の新規追加部分に相当する、書面による情報提供を義務づける言葉は含まれない。通詞が通訳して伝えはしたものの、オランダ人が重視せず商館長日記に書かなかったのではないだろうか。この書面は通詞が和文で書くべきもので、オランダ人のすることに実質的な変化はほとんどないからである。つまりこの年、「御法令」の追加部分は申し渡されたというよりは、シノシェによる実際の聞き取りという形で実行されたことがわかる。

オランダ人がどう思ったにせよ、通詞や長崎奉行にとっては幕府の命令は厳守すべきものである。この年の七月、夏の季節風に乗って最初のオランダ船が長崎に着いたとき、通詞たちは聞き取った海外の情報を「咬嵧吧《カラパ》出《いだし》 壹番船《いちばんせん》之阿蘭陀口書《くちがき》」（バタフィアを出帆し、今年最初に長崎に来航したオランダ船の乗員からの口上書）という表題の和文の風説書に仕立てた。

内容は、コーチンの状況、第二次英蘭戦争における戦闘の様子などである。これは、長崎奉行の手で江戸の幕府へ送られた。

「ヨーロッパと東インド」の情報

この後、一六六七年、六八年と、「御法令」の内容はだんだん詳しく商館長日記に記録されるようになっていく。

四年後一六七〇年の江戸参府の際、商館長は江戸城で申し渡された内容を次のように記録している。

> オランダ人は、ポルトガル人と並んで交易をしている土地でポルトガル人と交流をしてはならない、また彼らと同盟を結んではならない。もし将軍が他から先にそれを聞いたなら、オランダ人は厳罰に処せられる。ヨーロッパと東インド、及びオランダ人がポルトガル人とともに貿易を許されている場所でのあらゆる新しい知らせは、商館長が毎年包み隠さずに伝えなければならない。たとえばかばかしい笑うべき話が混ざっていたとしても。

この年には、具体的に「ヨーロッパと東インド」という地名を出して報告すべき情報の範囲が広げられている。直接的には日本に関わらない一般的な時事情報までも幕府が求めるようになったのだ。とはいえ、あくまでもカトリック教徒やスペイン、ポルトガル両国の動静を知り、またオランダ人がカトリックと同盟していないことを確認することが目的である。同時に、風説書の意図と内容が、「はしがき」で紹介したメイランの言うような「一般的な情報」に移行していく過程を示しているとも言えるだろう。

フランス東インド会社設立とカロン

では、一六六六年の条項追加後の具体例として、フランス東インド会社の設立とその使節としてフランソワ・カロンが日本に来航するという情報に関するやりとりを見てみよう。

フランスでは一六六一年にルイ一四世の親政が開始され、そのもとでジャン＝バプティスト・コルベールが積極的な対外政策を打ち出した。その一環として一六六四年フランス東インド会社が再建され、一六六八年には最初の商館がインド北西部の港町スラトに設けられた。

フランソワ・カロンは、一六三九年から一六四一年までオランダ東インド会社の平戸商館長を務めた人物である。日本語に精通し、平戸の住人江口十左衛門の姉を妻にしていた。彼はその後バタフィアで栄達したが、一六五〇年讒言《ざんげん》によって任を解かれ、翌年ヨーロッパに戻った。一六六五年フランス東インド会社に上級職員として招かれ、翌年フランスを発した。一六六七年三月マダガスカル島に着き、その後スラトで勤務した。フランス東インド会社の使節として来日することも計画していたらしいが、同行のフランス人との意見対立もあり、実現しなかった。

フランスの新会社が日本貿易を許可されることを願うという目的で艦隊を率いたカロンがすでに喜望峰を過ぎたという情報を、日本商館員がいつ知ったのかはわからない。喜望峰はオランダ東インド会社が握っていたため、フランスの艦隊は同地を通過してマダガスカル島に赴いたのだと思われる。喜望峰の会社職員がどのように艦隊の通過を確認し、その艦隊にカロンが乗っていることをどのように知ったのかは、難しい問題である。この時代、すべての海外情報、とくに敵方の情報は噂の側面をもっていたと思って以下をお読みいただきたい。

とにかく、一六六七年夏に作成された五通の風説書中にフランスの会社に関する記事は盛り込まれなかった。

一六六七年一一月旧商館長ダニエル・シックスと新商館長コンスタンティン・ランストが、商館長交代の挨拶をするため長崎奉行邸に出向いた。このとき、奉行は、ヨーロッパ人が当地に来るという情報を聞いたならば怠りなく伝えなくてはならないと勧告した。ランストは以下のように記している。

通例に反しこの点は二回も三回も繰り返され、この上なく深刻に我々に勧告された。国外にいる日本人の誰かから、日本で通商しようとするフランス人の計画について、奉行は何かを知らされた疑いがある。それとも日本人の周囲にいた口の軽いオランダ人の誰かから漏《も》れたのかもしれない。

特定の命令を奉行が何度も繰り返したことに不審を感じ、今まで隠しておいたフランスの対日通商計画を奉行が知っているのではないかと推測している。情報が漏れた可能性のある経路として、海外在住の日本人と、オランダ商館の誰かが想定されているのは興味深い。「鎖国」政策によって東南アジアの日本人町《にほんじんまち》にとり残された日本人から、一六五〇―六〇年代に日本に送付された書翰が複数確認できる。唐船が持ち渡った日本人書翰は、奉行所で内容を改めた上で名宛人に届けられたらしい。詳細は不明だが、オランダ人に正確な情報を提供させる強制力（つまり別の情報源）の一つとして注目しておきたい。オランダ船が海外の日本人からの書翰を運ぶことは、すでに一六四〇年代に規制され、オランダ人は固くこれを自粛している。一方、商館長の知らないところで商館員の誰かが日本人に話してしまうという可能性は、オランダ人の長崎暮らしが長くなってきたからこそ出てきたものであろう。

さらに前商館長シックスが離日した後、ランストはシックス在任中より長崎で勤務していた商館員の一人から驚くべきことを聞いた。彼は、「カロンの甥」として知られている平戸在住の日本人から、カロンについての噂の真偽を質問されたという。内容は、カロンがフランスの船団の長として東インドにもう来ているというものであった。

ランストの心中を察してみよう。カロンが来航しつつあるということを日本人に知られた以上、長崎奉行もすべてを聞いているに違いない。だからこそ、あんなにしつこく情報提供を要求されたのだ。オランダ人を責めずに済ますため、自発的に言い出すのを待ってくれていると考えるのは甘い。平戸の日本人が聞き込んだ情報の裏をとるべく、オランダ人が何と言うか聞き出そうとしているのだ。ましてや問題の平戸の日本人はカロンの甥である。日本人にとっては抜群の信憑性があるだろう。

ランストは、次の結論に至った。

現在の状況は危機的である。フランスの船団が長崎に到着する約一ヵ月前になってはじめてフランスの新会社設立を知らせれば、長い間黙っていたことを日本人は非常に悪く解釈し、オランダ東インド会社は将軍の最悪の不興を買う可能性が大いにある。日本への通航が禁止されかねない。

風説書をオランダ語に訳す

商館長ランストは、できるだけ適切な方法で、すぐにでもフランスの会社の設立を長崎奉行に告げよう、それは会社のために緊要だと判断した。そこで、ランストはまず確認のため通詞を呼び、同年夏に前任のシックスによって提供された情報の内容を具体的に知ろうとした。

通詞を呼び、去る夏にオランダ人から長崎奉行に知らされた最新情報を、我々のために日本語からオランダ語に翻訳するように命じた。我々がそれで満足できるか、それとも何か付け加えることがあるのかが明らかになるかもしれないからである。

ここで注目されるのは、提供した情報について後日参照できるような蘭文が存在しなかったことである。前任の商館長が語ったことを知るには通詞のもつ風説書の控えに頼らなくてはならなかった。ここからも、風説書のオランダ語原本は存在しなかったことが確認できよう。一方、一六六七年の和文風説書はもはや単なる通詞の翻訳作業用の草稿ではなく提供した情報を証明できる正式なものだったことがわかる。一六六四年にはまだ、伝えたはずの情報が消えてしまうような状況だったことを考慮すると、その後一六六五年から六七年までの間に風説書の作成が開始されたと考えるべきだろう。とすれば、文書による提出を命じた一六六六年の「御法令」を受けて、同年和文風説書が作られるようになったと断定してよいのではないだろうか。

さて、何か支障があったのか通詞たちの翻訳提出には非常に時間がかかった。そのため、ランストは翻訳の完成を待たずにこの件を知らせるほうが賢明だと判断した。長崎奉行河野《こうの》通定《みちさだ》が江戸へ向かう前に知らせたほうがいいからである。そこで通詞を呼び集め、フランスの会社設立とカロンがその使節として来航することを奉行に伝えるよう申し渡した。その後の問答は、以下のごとくである。

通詞は驚いて否と言った。そこで彼らにさらに問い質した。それをまったく不必要なことだと判断するのか。このことを黙っていたら、来年もしフランスの会社の船が長崎に現れた場合オランダ東インド会社は窮地に追い込まれるのではないかと。通詞は、それはまったく確実だし、オランダ人はおそらく日本から追放されるだろう、しかしオランダ船が長崎にいるうちにこの情報を提供しないでおいて、今さらそれを奉行に知らせるのには反対である、と言った。

この場合は、商館長側が情報を隠していたのだから、通詞に責任はないはずである。しかし、故意であれ過失であれ本来船の到着後すぐに伝えておくべき重要な情報を伝えていなかったと奉行から咎《とが》められることを通詞たちは心配して反対したのである。

フランス使節来航情報

商館長は通詞に、皆でよく相談するように勧めた。通詞たちはこの情報提供に乗り気ではなかったが、「会社のため、また将軍の禁令を守るために、新しいフランス王立会社の設立を奉行に書面で提出することが緊要だということで合意した」。和文風説書の成立後もなお、提供する情報の内容について、通詞による操作がありえたことを示す好例である。フランスの会社設立と使節来航の件は日本語でしたためられ、商館長が署名をした上で、通詞がそれを奉行たちのところへもって行った。

ごねた挙句、時期を失しつつも通詞はこの年六通目の風説書を作成したのだ。これが商館長の風説書への署名を確認できる最初の例である。この風説書には、フランスの新会社の設立とカロンが日本への使節に任命されたことだけが書かれた。艦隊がすでに喜望峰を過ぎたことは注意深く秘密にされ、すべてが単なる噂であると強調された。ヨーロッパから日本への旅路が長いことは幕府にもわかっている、もう喜望峰を過ぎているなら、一年以上前に会社は設立されていたはずだ、なぜ昨年告げなかったのか、という糾弾を逃れるためである。一一月二八日にもなって通詞がこの文書を提出したとき、奉行は、なぜ船がいるうちにこの情報を伝えなかったのかと指摘したものの、通詞がひたすら平伏すると、それ以上は追及しなかった。そして、今回ランストは控えとして蘭文を作成し、手元に残した。

このフランス使節についての情報提供は、時期が船の到着からはるかに遅れている上、奉行の要請によってなされたようなものである。だが、奉行が出府してその年のオランダ船来航にかかわることを幕府に報告する前に提出されたことで、かろうじて「通常の」風説書の体裁を保っていた。それまで「口書」と呼ばれていた文書に「風説書」という表題がつくのはこのときからである。単なる噂にすぎませんと主張したかったのであろう。

翌一六六八年、ランスト参府中にシノシェが宿舎にやって来た。そして、フランス王の宗旨や配偶者などについてあれこれ尋ねた。ランストは、フランス王はカトリック教徒であり、スペイン王の娘と結婚していると抜け目なく答えた。最後にシノシェは、次のように述べた。

フランスの対日計画についての確実な知らせがオランダ人から長崎奉行に伝えられる前に、もしフランスの船団が日本に現れれば、将軍の周辺ではオランダ東インド会社にとって重大な不利益になるように解釈されるだろう。

ここでシノシェは北条の代理として「確実な」情報を求めている。おそらく、北条はカロンの率いる艦隊がすでに東インドに来ていると、商館長に言わせたかったのである。使節に任命されただけなら、日本来航はいつ実現するかわからない。もしかすると実現しないかもしれない。しかし、もう喜望峰を過ぎたなら来日は確実であろう。その意味の「確実」を求めているのである。平戸商人の情報にあって、六通目の風説書で欠けていた内容を、引き出そうとしているのである。

これに対しランストは、「確実な」情報の提供は不可能だが、バタフィアからもっと詳しい情報が届くかもしれない、一般にヨーロッパから東インドへの旅は長いので一年ぐらい到着がずれることも十分ありうると返答した。シノシェの誘導尋問を突っぱねたのである。なぜもっと早くこの話をしなかったのかと責められないため必死だったのであろう。ランストの脳裏には、第二章で紹介したポルトガル使節来航事件が浮かんだであろう。情報提供を怠ったとされれば、貿易は今度こそ禁止されてしまう。何をどこまでどう語るか。きわどい選択であった。

一六六八年七月、オランダ船が到着するとすぐ、商館長は通詞に船がもたらした情報を伝えた。フランスの会社の船団とともにカロンが日本に来ることはないだろう、同社の計画はうまくいかず、近いうちに潰《つい》えるだろう、と。この知らせによって、フランスの会社及び使節来航の件は、実現の可能性が低いということになった。

リターン号事件

オランダ風説書は実際に幕府の政策に影響を及ぼしたのだろうか。及ぼしたことが確認できる例として、リターン号事件がある。

一六七三年、日本との通商再開を求めてイギリス東インド会社は長崎にリターン号を派遣してきた。平戸にあった商館を一六二三年に撤収して以来のことであった。幕府は要求を拒否するのだが、その理由はイギリス王家とポルトガル王家との姻戚《いんせき》関係だった。この姻戚関係はあらかじめオランダ人から伝えられていたのである。

この件に関するオランダ人の情報活動を見てみよう（永積洋子氏の研究による）。ピューリタン革命後の王政復古で王位に就いたチャールズ二世について、オランダ人は一六六二年に以下のように語った。内容はこの年の風説書に組み込まれた。

今イギリス王〔チャールズ二世〕はポルトガル王の妹〔ポルトガル王女キャサリン・オブ・

ブラカンサ」と結婚するところで、それにより彼には結婚の持参金としてゴアとマカオが贈られる。

（永積洋子「一七世紀後半の情報と通詞」参照）

実際は、キャサリンの持参金となったのはインドのボンベイ（現ムンバイ）である。ゴアとマカオへはイギリス船の入港が認められたに過ぎないし、実際二年後にマカオに入港したイギリス船は取引すら許されなかった。「風説書はイギリスとポルトガル王室の結婚をいち早く報じると同時に」、「『ゴア』『マカオ』など日本人に恐怖を与える言葉をつらねて、巧みに情報を操作していたのである」と永積氏は説明している。

一六六四年にも、宗門改役の北条氏長がイギリス王室とポルトガル王室の姻戚関係について商館長フォルヘルに詳しく質問している。

いよいよリターン号が長崎に入港してきたとき、通詞は船長サイモン・デルボーに来航の目的について尋ねた後、イギリスの王とポルトガルの王女とは結婚して何年になるかと聞いた。結婚しているかと質問したら、結婚していないと嘘をつかれるかもしれないと長崎奉行は考えたのであろう。結婚していることを前提とした質問を準備していたのである。デルボーは「我々の王が結婚してから一一年になる」（永積訳）と答え、ここに一六六二年のオランダ風説書の正しさが証明された。

リターン号来航前に幕府は、拒絶の方針を必ずしも固めていなかったのだが、イギリス人が長らく日本に来航していなかったこと、イギリス王室とポルトガル王室の姻戚関係を理由として、通商要求を正式に拒絶した。

さらに、このリターン号事件は、カトリック教国の船でなくとも新規に貿易を求めてくるヨーロッパ船は拒絶するという先例となった点で重要である。幕府の「鎖国」政策は、この後一八世紀末にロシア船が来航するまでゆらぐことはなかった。つまり、オランダ東インド会社は目論見どおり、風説書を武器としてヨーロッパ人の中での日本貿易独占を成功させたのである。

しかし、このような事例が多数見つかるかというとそうではない。幕府の政策決定の過程や理由が明らかになる場合はほとんどないのである。

オランダ側の事情

これから、「通常の」風説書に一七世紀から世界中の情報が含まれていた背景を考えてみたい。なぜ、アジア東端の日本にいる商館長が、ブラジルの出来事を一年後には語ることができたのだろうか。

オランダ東インド会社の船は、オランダからドーヴァー海峡を通って大西洋に出た。島々に寄りながら南下して、喜望峰で最後の補給を行う。それからインド洋の南辺を突っ切り、最後はスンダ海峡を北上して、ジャワ島北岸のバタフィアに至る（帰路は、インド洋の北辺を回る航路を取る）。一七世紀には、バタフィアから日本までの間に台湾やシャムなどに寄港することが多かった。

第一章で述べたように、一六四〇年以降もオランダ人はけっして独占的に海外の情報を提供していたわけではない。当時幕府はヨーロッパ人の動向について、密航してくる宣教師やリターン号の船長から聞き出したことと、オランダ風説書をつねに比較検討していた。しかし、オランダ風説書はヨーロッパ全域及びアフリカ、アメリカ両大陸をも視野に入れており、また定期的であった。この点で、他の個別的な聞き取りを圧倒していたと評価できる。

ここでは、その問題を、オランダ東インド会社の時事情報の配信網とその役割という視点から論じてみよう。一七、一八世紀に日本にいたオランダ人は、利潤追求を唯一絶対の目的とする東インド会社の職員だった。わざわざ将軍だけのために会社が世界中の時事情報を集める費用を払うとは思えない。会社には会社の事情があったはずなのである。

情報集散地としてのオランダ共和国

一七世紀オランダ共和国において情報の流通が非常に活発だったこと、そしてそれがオランダ風説書の背景にあったことは、佐藤弘幸氏がすでに示唆している。また、イギリスの歴史学者ピーター・バーク氏は一七世紀のオランダの情報環境をきわめて高く評価している。バーク氏の著書『知識の社会史』によると、オランダ共和国は都市の大商人層が支配権力を握っていたので、自由に情報が流通していた。印刷物だけでなく口頭の話や手書きの文書を通して情報が盛んにやりとりされた。一七世紀になるとオランダ共和国はヨーロッパの情報流通の主要な発信地かつ消費地となった。一七世紀のオランダでは、ニュースはすでに商品と見なされていたのである。

ヨーロッパ初の手書きの新聞はイタリアのヴェネチアで生まれ、印刷された新聞は一六〇九年にドイツで生まれた。オランダ最初の定期刊行の印刷新聞が生まれたのは一六一八年である。形式面では一六〇九年のドイツの新聞よりもずっと現在の新聞に近いものになっていた。フランス語と英語の一番古い新聞はオランダで刊行され、しかもオランダ語新聞の翻訳版であった。

オランダ最初の新聞は、「ドイツ、イタリアその他発信の新聞」と「各地からの新しい知らせ」というタイトルで、どちらもアムステルダムで刊行された。一七世紀前半、新聞を刊行する業者が複数アムステルダムに現れた。一紙は週二回刊で、残りは週刊だった。

初期の新聞では、情報の並べ方がほぼ同じだった。まず、イタリア、次いでボヘミア、南ドイツ、スペイン、ケルン、パリ、イギリス、北欧と続き、そして最後にオランダの情報が載せられた。

ここで注目したいのは、オランダの新聞が誕生の瞬間からほぼヨーロッパ全域の情報を掲載していたことである。もっとも、一七世紀のオランダ人は自分たちの住んでいる地域を「ドイツ（の一部）」、自分たちの言葉を「ドイツ語」と表現していたから、ボヘミアやケルンはある程度近い距離感で認識されていたかもしれない。だが、アルプスの南にあるイタリアは明らかに異郷である。

オランダ東インド会社に関しても、バーク氏は「この時代に情報の商業的価値に気づいていたという際立った一例を、会社〔中略〕の歴史から見ることができる」（『知識の社会史』）と述べている。会社の高度な情報網は一六一〇年代には確立しており、一七世紀においてそれに匹敵するものはなかったとする研究者もいる。また会社は、オランダやその他の国の外交官から賄賂《わいろ》によって情報を入手することができたという。

こうしたオランダにおける情報流通の活発さは、印刷業の隆盛と密接な関係があった。一六四五年にはアムステルダムに少なくとも九つの印刷所があった。「アムステルダムの印刷業者は〔中略〕さまざまな言語で印刷することを得意としていた。彼らは、英語の聖書をここで印刷して、英国製の聖書よりも安い値段でイギリスで売った」（同上書）。

しかし、オランダがヨーロッパの情報流通の中心だった時代は長く続かなかった。一八世紀には、イギリスが情報産業の中心になったからである。

もう一つの情報集散地、バタフィア

オランダ東インド会社のアジアにおける本拠地であったバタフィアを中心とした情報網はどうだったのだろう。ただ、この分野の研究は手薄である。わずかに、会社が一六四〇年代にはヨーロッパやアジア各地の商館から集められた時事情報を分類、複写し、再び各地の商館に配信したことが指摘されているに過ぎない。

一九二二年にバタフィアで刊行された『旧きバタフィア』という書物を見てみよう。

一六六八年三月、総督府は締結したばかりのマカッサル〔現インドネシア、スラウェシ島に本拠を置いた王国〕との講和条約の内容を印刷させた（図を参照）。

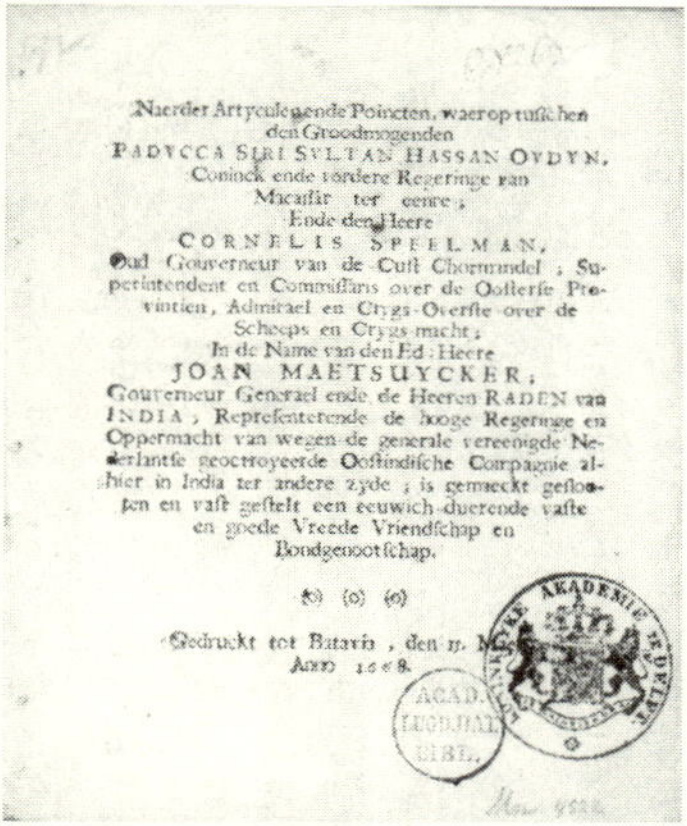
Naerder Artyculegende Poincten, waerop tuſſchen
den Grootmogenden
PADUCCA SIRI SULTAN HASSAN OUDYN,
Coninck ende vordere Regeringe van
Macaſſar ter eenre;
Ende den Heere
CORNELIS SPEELMAN,
Oud Gouverneur van de Cust Chormandel ; Superintendent en Commiſſaris over de Ooſterſe Provintien, Admirael en Crygs-Overſte over de
Scheeps en Crygs-macht;
In de Name van den Ed: Heere
JOAN MAETSUYCKER;
Gouverneur Generael ende de Heeren RADEN van
INDIA, Repreſenterende de hooge Regeringe en Oppermacht van wegen de generale vereenigde Nederlantſe geoctroyeerde Ooſtindiſche Compagnie alhier in India ter andere zyde ; is gemaeckt geſloten en vaſt geſtelt een eeuwich-duerende vaſte
en goede Vreede Vriendſchap en
Bondgenootſchap.

Gedruckt tot Batavia , den 15. M...
Anno 1668.

マカッサルとの講和条約（末尾）1668年　ライデン大学図書館
Universiteitsbibliotheek Leiden, 1365 H28

これは、現存する東インド最古の印刷物である。とても精巧に仕上げられているので、印刷に必要なものはオランダから特別に取り寄せたのだろうと想像される。しかしながら、より興味深いのはこの最初の印刷物が時事情報の報道であり、教科書でも教会の小冊子でも総督府の布告でもないということである。

マカッサルとの講和条約の印刷者は、疑いなくヘンドリック・ブランツである。一六六八年に、彼は会社の印刷機と活字を入手していた。同年八月にブランツはバタフィア市と東インド会社の公認の印刷業者として三年間有効の特許状を獲得した。

これらの印刷所では、義務である公式の印刷物や教会の印刷物のほかに、マカッサル王国との戦争、スマトラ西海岸での勝利、講和条約、アンボンの地震のような多種多様の東インド及びヨーロッパからの最新情報が印刷された。

一六六八年にはマカッサル王国との講和条約がオランダ東インド会社の公認印刷業者により印刷されたこと、各地の最新情報が会社及びバタフィアという植民都市の印刷物の重要な一分野だったことがわかる。

ただし一言付け加えるなら、オランダ東インド会社は秘密主義で有名でもあった。会社は職員には情報を配ったが、外に漏らすことはなかった。

オランダ東インド会社の情報配信網

以上のようなオランダ本国とバタフィアにおける情報活動の発展を基盤に、さまざまな時事情報が東インド会社の船に乗ってアジア各地へと配信されていった。

オランダ本国からバタフィアに新聞が送られていた事実は、一七世紀から確認できる。一八世紀の例になるが、たとえば、一七七四年にアムステルダム・カーメルは「東インドに送るために」三カ月分、合計六八二五部の新聞を購入した。一七八二年には、ハーレム市で刊行された古新聞二七部とデン・ハーグ市の古新聞二八部が同カーメルによって購入されている。オランダ本国用に古新聞を買う理由はないので、これもバタフィアに送るためだったであろう。あえて古新聞を購入したのは、経費節減のためと考えられる。

ちなみに、オランダ東インド会社は本社をもたなかった。アムステルダムを含む六つのカーメル（直訳すると「部屋」）は形式上同格であり、六つのカーメルから選出される重役一七人で構成される一七人会《じゅうしちにんかい》が会社の営業方針を決定した。

さて、それでは、バタフィアに送られた新聞の記事やアジア各地からバタフィアに集められた情報は、どのような形でアジア各地の商館に配信されたのだろうか。

配信された時事情報が収録された文書は、四点しか残されていない。四点の表題は「東インドの様々な地方からの最新情報」、「東インドよりの最新情報」などである。各地からバタフィアに送られてきた知らせを羅列したようなもので、現在の新聞には程遠い。短いもので九頁、長いものでは四四頁にも上る。これらは一六七〇年代に集中しており、すべて日本商館宛に送られたものである。日本商館は際立って文書の伝存状態が良いため、残ったと考えられるが、それにしても数が少ない。時事的な情報の宿命として、読後はすぐに廃棄されてしまったのだろう。

けれども、バタフィアから各地の商館へ送られた時事情報について知る方法が他にもある。総督府からの書翰、訓令その他の控えを収録した『バタフィア発信書翰控簿』と呼ばれる簿冊である。これらの簿冊には、「東インドよりの最新情報」そのものの写しは収録されていない。だが、「託送文書一覧」と呼ばれる、積荷送状をはじめとする帳簿類など船に載せたすべての書類の一覧表が含まれているのだ。だからそれを見れば、内容はわからなくとも、どのような形の時事情報が何通、どの船に託されてどこへ送られたかが窺い知れる。

各地の商館からバタフィアへ書翰、商館長日記の写し、報告書、帳簿類などが送られていたことも、『東インドからの到着文書集』という簿冊からわかる。会社は、膨大な数の書類や帳簿類を日常的にやりとりしていた。時事情報の配信網は、そのような業務に直結した会社の情報網と重なる形で、その一部として運用されていたのである。

一六四〇年代には、オランダから届いた新聞がそのままバタフィアから各地の商館へと転送される例もあった。だが、その後は新聞を直接送った例は見られない。一七世紀の半ばごろ総督府から配信された時事情報は、大きく四つの類型に分けて考えられる。数量的な変化を見ると、関連の文書数全体が、一六六〇年代に急増している。バタフィアにおける印刷業の隆盛が原因ではないかと思われる。

①「祖国よりの最新情報」などの表題をもつ、本国から送られてきた新聞類の摘要と思われる文書。

②「東インドよりの最新情報」、「最新情報覚書」などの表題をもち、東インド各地の商館からの情報を集成して必要部分を摘記したもの。

③講和条約の条文など単発の重要情報を印刷したもの。『旧きバタフィア』からの引用ですでに紹介したが他にも例がある。まず、一六四二年から一六四五年にかけてポルトガルとの休戦協定についての情報が印刷されて配信された。本国で結ばれた休戦協定がなかなか遵守されないため、何年にもわたって送られたとみえる。また、一六四九年にスペインがオランダの独立を承認したウェストファリア条約（一六四八年）の文面が配信された。一つの宛先地に一通送るのが普通だが、たとえば、一六七四年にはセイロン宛に二五通同時に送られた例がある。会社はセイロンに複数の拠点を有していたため、それぞれの拠点に配る必要が

EXTRACT,
Uyt den Brief geschreven aan de Vergaderinge der Heeren Seventiene,
Door den COMMANDEUR
CORNELIS VAN QUALBERGEN,
Ende den Raad op 't Fort de Goede Hoope, dato den 20 Januarij, Anno 1668.
Te MIDDELBURG,
By LEENDERT BAKKER, Drukker der Ed: Heeren Bewindhebberen der Geoctroyeerde Oost-Indische Compagnie, ter Kamer Zeeland.

艦隊司令官コルネリス・ファン＝クアルベルヘンと喜望峰要塞の評議会からオランダ本国重役会に宛てて書かれた書翰からの抜粋（表紙）
1668年　オランダ国立中央文書館

あったからだろう。さらに、一六八八年にはマカッサルとの何度めかの講和の条文が、マカッサル商館宛に一〇〇部同時に送られているのが目を引く。マカッサル商館に勤務するすべての会社職員宛に配られたのだろう。③は、一六四〇年代から見られるが本国から印刷物の形で届いたものであろう。バタフィアでの印刷開始は一六六〇年代だったと思われる。

④私信の中から情報を抜粋して印刷したもの。とくに多く配信されたのは、フランスの東インドへの艦隊派遣に関する一六七三年一一月パリ発信の書簡の記事で、一カ所に同じものが数通送られている。このようなものはオランダ政府によって印刷された布告の一種と考えられる。同様のことが、東インドでの出来事についても行われていた。たとえば、艦隊司令官コルネリス・ファン＝クアルベルヘンと喜望峰要塞の評議会から、本国の一七人会に宛てて書かれた一六六八年一月二〇日付書翰からの抜粋を印刷したものが現存する（図を参照）。

④がかならずしも後進的なものでないことは、一六七〇年代になってむしろ増えていること

から指摘できる。速報性を重視したのだろう。

以上のように、日本商館長が一七世紀に世界各地の最新情報を提供できた背景には、東インド会社の時事情報配信網の存在があった。

しかし、このようなオランダの先進性は一八世紀前半には揺らぎはじめ、次第にイギリスに優位を奪われていく。一七九九年オランダ東インド会社の解散とともに、その時事情報配信網も崩壊するのである。

会社にとっての情報の意義

バタフィアからアジア各地への時事情報の配信は、東インド会社にとってどのような意味をもっていたのか。それを考えて本章を閉じよう。まず、配信された情報が会社の公文書として扱われたからには会社の業務のために配信されたと考えるべきである。現在でも、戦争や災害など一般的な時事情報は、投資の重要な判断材料である。同じように、当時もあらゆる時事情報は経済情報でもあった。オランダ東インド会社が株式会社である以上、これらの情報は各地の商館で取引の判断材料とされたに違いない。

次に、これらの時事情報は、アジア各地の商館に程度の差はあれ散らばって働く職員たちの孤独感を癒《いや》すのに役立ったと考えられる。故郷は無事か。戦争や災害は起きていないか。

安堵《あんど》や不安を共有することで、会社職員としての一体感も高まったと思われる。

最後に、シャムやキャンディ（現スリランカにあった王国）などで、取引先である現地の王侯がオランダ人にそうした時事情報を求めたことが知られている。ただしそれらの国々では、情報の要求は何か特別なことが起きた場合に限られていた。日本の風説書のように毎年という例は他にない。こうした情報の提供は、オランダ東インド会社にとってまったく元手のかからない楽な仕事であった。

会社は、風説書という制度があろうとなかろうと、時事情報を各商館に配信していたのだ。わざわざ将軍のためにしなければならないことなどほとんどなかったのである。一方、幕府にとってオランダからの情報は代替物のない、このうえもなく貴重なものであった。

後の話になるが、一九世紀にアジアにおけるヨーロッパ人の情報世界は大きく変化する。オランダ領東インドでは、一八一〇年に総督ヘルマン・ダーンデルスが行政改革の一環として『バタフィア植民地新聞』（『ジャワ新聞』の前身）を発刊した。そして、会社が解散した後、一九世紀の「通常の」風説書は主として政庁機関紙である『ジャワ新聞』をもとに作成されたのである。一度日本に入ってからは、秘密情報として扱われることもあった一九世紀の風説書であるが、日本に来るまでは秘密でも何でもなかった。安価かつ簡単に入手できる、公然の情報だったのである。

第四章

脅威はカトリックから「西洋近代」へ

石崎融思《蘭館図絵巻》「出島水門」 1801年　長崎歴史文化博物館

安定の東アジア

一六八一年に清朝は三藩の乱を鎮圧した。一六八三年には台湾の鄭氏政権が清に降伏した。これらを受けて清は遷界令《せんかいれい》を解除し、民間商船の海外渡航を許した。その結果一六八五年以降大量の中国船が長崎に殺到し、貿易量が激増した。幕府は日本から金銀が流出することを問題視し、一七一五年に正徳《しょうとく》新例を発令して貿易制限を強化した。

一七一七年清朝が南洋海禁政策を導入したことを一因として、一八世紀前半を最後に東南アジア出帆の唐船は日本に来航しなくなった。この後日本に来航した唐船は、すべて中国本土、とくに乍浦《さほ》の商人たちが仕立てたものである。乍浦は上海《シャンハイ》と同じく長江下流域にある港町の一つである。長崎に来航する商人は、日本銅を買い付ける権利と義務を与えられた官許商人であった。一七五七年に、清朝はヨーロッパ船の貿易を広州《こうしゅう》（カントン）に限って許可した。この後、カントン・システムと呼ばれる厳しい統制のもととはいえ、貿易が活発に行われるようになった。

一八世紀の半ばには、インド亜大陸の東海岸（コロマンデル）地方やベンガルで、イギリス、フランスの両東インド会社の覇権争いが繰り返された。そして、一七五七年のプラッシーの戦いで、イギリス東インド会社の優位が確定する。一七五九年に、オランダ東インド会社は、イギリスに対抗するためバタフィアから遠征軍をベンガルに派遣したが、完全な失敗に帰した。

動乱のヨーロッパ

一八世紀を通じてヨーロッパは数々の戦争に明け暮れたが、その中でオランダの国力は徐々に失われていく。アメリカ独立戦争でオランダがアメリカを支持したことをきっかけに、第四次英蘭戦争（一七八〇―一七八四年）が勃発した。この戦争に惨敗したことにより、オランダの海運、貿易業と金融業は壊滅的な打撃を蒙った。

一七八九年にフランス大革命が起き、それにつけ込んだ周辺諸国がフランスに軍隊を侵入させる。それを撃退するため編成された革命軍は予想外の強さを示し、一七九四年余勢を駆ってオランダに侵攻した。オランダでは、国内の親フランス派がオランダ共和国を倒してバターフ共和国を建設。一方、親英派の総督オラニエ公ウィレム五世は家族を連れてイギリスへ亡命した。一七九七年、イギリスがバターフ共和国に対して宣戦布告。亡命中のオラニエ公は、オランダの海外拠点に対してイギリスの保護下に入るよう命令を発した（キュー書翰）。海外拠点を失って活動できなくなったオランダ東インド会社は、多大な負債を抱えたまま一七九九年に解散。会社の資産と債務はバターフ共和国が引き継いだ。

その後、フランス皇帝として即位したナポレオン・ボナパルトは、一八〇六年弟ルイをオランダ国王に任命した。しかし、ルイが大陸封鎖令を厳格に守らなかったため、一八一〇年ナポレオンはオランダを直轄領に併合してしまう。これにより、オランダという国は一時消滅することになる。ナポレオンと対立するイギリスはオランダをも敵と見なし、キュー書翰が巻き起こした混乱を利用して、一八一一年にバタフィアを含むジャワ島を占領した。

一八一四年ナポレオンの没落に伴いオランダは独立を回復、ウィレム五世の子がオランダ国王ウィレム一世として即位した。オランダ王国の誕生である。イギリスは、喜望峰、セイロン島、南米の植民地の一部を除く旧オランダの海外拠点を返還することを約束した。

一八一六年には、約五年間に及ぶイギリスのジャワ占領が終わった。代わって、オランダ領東インド政庁がバタフィアに置かれ、植民地としての統治が開始された。日蘭貿易も、東インド政庁殖民《しょくみん》局が管轄する官営貿易と位置づけられることになった（なお、「殖民局」はあえて直訳すると「植民地産物ならびに民生倉庫局」のようになるが、本書では板沢武雄氏に従ってこの訳語を用いる）。長崎出島にいる商館長も、一八世紀末までは東インド会社の職員であったのに対し、一九世紀以降は東インド政庁の官吏である。ただし、長崎では会社が存続していることにされたままで、取引が続けられた。

一八二四年にイギリスとオランダとの間でアジアにおける両国の勢力範囲に線引きがなさ

れた。これによりオランダはマレー半島以西のすべての根拠地を放棄、今日のインドネシアのみをオランダ領東インドとして確保した。

「鎖国祖法《そほう》観」の誕生

日本に目を転じてみよう。一七世紀後半に三藩の乱の収束と台湾鄭氏の降伏を契機として東シナ海が平和になると、対外関係も安定してくる。一七世紀に、第一章で述べた「四つの口」（対馬口、薩摩口、松前口、長崎口）を通じて、それぞれが管掌する李氏朝鮮、琉球、アイヌ、中国（人）・オランダ（人）とのみ関係を取り結ぶという枠組みが整えられた。この枠組みは、一八世紀に実態として定着し、固定化していった。

一八世紀末になるとロシア人が千島、サハリン（樺太《からふと》）に現れるようになった。また、イギリス、フランスの測量船やイギリス、アメリカの捕鯨船や毛皮貿易船が日本の近海での活動を開始した。そのとき、伝統的な関係を有する国や人だけに交渉相手を限定するべきだとする規範意識（藤田覚氏は「鎖国祖法観」と呼ぶ）が生まれた。本章が扱うのは、そうした「鎖国」の実態が体制として徐々に定着し、外からの新しい刺激によってその体制が守るべきものに変わっていった時代である。注意しておきたいのは、一七世紀の「鎖国」がキリシタン禁教の一環としての政策レベルの問題だったのに対し、その政策が実態として定着したことに伴い、一八世紀末の「鎖国」は体制としての問題になっていたということである。一八世紀末にオランダ共和国や東インド会社が消滅してしまったときでさえ、長崎の商館はオランダ国旗を掲げたまま存続した。オランダ東インド会社の数多い商館のなかで、会社より長命だったのは長崎だけである。

このような時期に、オランダ人が風説書に託して知らせようとしたこと、あるいは実際に知らせたことは何だったのだろう。

従来は、「時が経つにつれて、風説書の内容が形式化し簡略となった」(『国史大辞典』)と簡単に言われてきた。実際、江戸時代のなかでもこの時期の対外関係は、比較的落ち着いていたと思われている。したがって、日本のことだけを考えるならば、形式化し簡略となったと言われてもあまり違和感はない。しかし、この時期世界は大きく動いており、オランダはその波に翻弄《ほんろう》されていた。もしそれが伝えられなかったとすれば、そのことの意味を問わなければならない。

シャム風説の時代

一六八五年以降東アジア海域は安定と平和の時代を迎え、幕府にとってもオランダ東インド会社にとっても、もはやカトリック勢力は恐れるべき相手ではなくなった、と考えるのが一般的である。しかし私は、一六七三年から一七一五年までオランダ風説書の中にシャム風説と呼ぶべきものがあることに着目したい。

シャム出帆の船がもたらした情報だけを扱った風説書は、一六七三年から存在する。そして一六八〇年代に入ると、頻繁に見られるようになる。一六八三年、シャムからの知らせを聞きに通詞が商館を訪れた。商館長日記を見てみよう。

八月二四日　通詞の横山与三右衛門と本木太郎右衛門が訪ねて来て、シャムからの知らせを書き取らせてほしいと要求した。
　書き取った内容は以下のごとくである。タルタル人〔清〕によって厦門《アモイ》から追放された中国人〔三藩の靖南《せいなん》王の支配下にあった者たち〕が海賊となって、カンボディアに根拠地を築いた。少なからざる中国人が移住し我が物顔に振る舞いはじめたので、カンボディア王すらも逃亡した。王の消息は今のところ不明である。
二五日　大通詞横山与三右衛門が現れ、シャムからの知らせが江戸へ風説書を送るときに間に合うようもっと早く知らされなかったことを長崎奉行は不満に思っている、オランダ船は数日前に長崎に到着していたのだからと、私に告げた。

実は、すでに奉行はこの年の唐船風説書によってカンボディアでの出来事を知っていた。奉行はこの情報を確認するためにオランダ人のもとへ通詞を送った。そして知っていたならなぜもっと早く奉行に伝えなかったのかという不満を示したのである。複数の海外情報源を確保して互いに照合し、どちらかに情報提供義務の怠りがあれば叱責《しっせき》して、より速やかで詳しい情報提供を促すというのが幕府の方針であった。一六八三年に示された奉行の不満を受けて、翌年から商館長はシャムの情報を船の到着直後に伝えるように努めるようになった。

シャム王室ジャンク船貿易

なぜシャムからの情報だけが、他の情報とは別立てで幕府に報告されたのだろうか。

シャム王のナライ（在位一六五六―一六八八）は、国際貿易にも外交にも熱心だった。ナライ王は、錫《すず》、蘇木《そぼく》、沈香《じんこう》、象、象牙《ぞうげ》、鉛の調達と輸出を王室独占とした。彼がジャンク船を利用して行った対日貿易は、オランダ東インド会社のそれと競合した。一六六三年から一六六四年にかけて二カ月以上にわたって、会社は王都アユタヤと海を結ぶチャオプラヤー川を封鎖し、長崎帰りのジャンク船を拿捕するとともに積荷を押収した。一六六四年、ナライ王が譲歩する形で両者の確執は一応の決着をみた。棲《す》み分けによる共存をめざしたのである。

一六七九年から一七一五年までの間に七八隻（一年あたり二、三隻）、一七一六年から一七二八年の間に一一隻（一年あたり約一隻）、合計八九隻のジャンク船が長崎に来航した（飯岡直子氏による）。そして、そのかなりの部分がシャム王室のジャンク船だった。王室ジャンク船は、国王か王子が船の所有者あるいは荷主だったが、水先案内人をはじめとする乗員はシャムに居住する華僑であった。一七一五年の正徳新例で、シャム出帆のジャンク船の長崎来航数が毎年一隻のみと定められた後も、オランダ東インド会社にとって、この王室貿易は日本貿易の競争相手であり続けたのである。

ナライ王の積極的な対外政策のなかでも、フランスとの関係は特筆に値する。一六六二年、パリ外国伝道会の宣教師たちが初めてシャムに入国した。彼らは、フランス東インド会社とフランス王ルイ一四世にシャムでの宣教活動の援助を要請した。一六八〇年、フランス東インド会社はアユタヤに商館を建設する。一六八〇年代にはシャムの使節がフランスを二回訪れ、ルイ一四世の使節を伴ってアユタヤに帰朝した。ナライ王がローマ・カトリックに改宗することをフランス王は期待していたが、国家の基礎を仏教に置くシャムの王が改宗することなど、ありえない話だった。

一六八八年にナライ王が嗣子なくして死ぬと、有力な配下の一人ペトラーチャーがクーデターを起こし、王位に就いた（在位一六八八—一七〇三）。フランス東インド会社の軍隊は排斥され、後に残ったフランス人やカトリック教徒も迫害された。ペトラーチャー王とオランダ東インド会社は、フランスに対する敵意という点で団結していた。

オランダ東インド会社とシャム

さて、オランダ東インド会社は、ナライ王との条約でシャム産の蘇木、鹿皮などを独占的に日本へ輸出する権利を得ていた。その代わりに会社は、シャムのジャンク船が日本産銅のシャム持ち込みを独占することを認めた。この結果、毎年五月から七月にかけて東インド会社船一、二隻がシャムに到着、そこでシャム向けの荷を降ろし日本向けの蘇木や鹿皮を積んで、七月から八月にかけて日本に到着することになった。貿易を終えると積荷とともにバタフィアに直航する。日本で仕入れた銅をシャムに持ち込めないためである。

こうした商品と船の動きに伴って、情報の動きにも特徴が現れた。シャム商館からの書翰は二カ月前後で長崎に着くが、一〇月ごろ発送される日本商館からシャム商館宛の書翰は半年以上かかって、翌年の五月ごろシャムに届くことになった。この情報の遅れを回避するため、日本商館はシャムへ帰るジャンク船に書翰を託したのである。

シャムのジャンク船への書翰の運搬委託は、幕府から快く思われなかったし、バタフィアの総督からも「短く、他人に読まれてもかまわない書翰のみ」が許可されていた。したがって、ジャンク船に託された書翰には、翌年日本で販売できそうな鹿皮の数量と、お決まりのように「シャムにおけるカトリック教徒の動向を知らせてほしい」という文言が含まれていた。鹿皮は腐りやすい商品なので速やかにシャムでの積み込みを完了し日本に送ってほしいからである。同時に、幕府に対してシャムとの文通の必要性を強調するもっとも有効な手段が、カトリックについての情報源としてシャム商館を位置づけることだったのである。

商館長日記一六八七年八月二八日条には、提供した情報の内容が記されている。

三人のシャムの大使が、贈り物を携えて、ポルトガル船でゴアを出帆しヨーロッパへ向かった。フランス王、イングランド王、ポルトガル王に、主人であるシャムの君主の名のもとに表敬するためである。

シャム王室とフランス、ポルトガルとの親しい関係を強調して、シャム王室ジャンク船に対する幕府の疑惑を引き出そうとする意図が窺われる。さらに、イギリスへの敵意も増すように書いている。当時イングランド王はカトリックのジェイムズ二世だったのである。これを受けて作成された風説書には、次のようにある。

一、去年南蛮人《なんばんじん》船に、シヤム屋形《やかた》より使者を三人乗せ、壱人はフランス国、壱人はエゲレス国え、壱人は波爾杜加兒《ぽるとがる》国え遣《つかわ》し申候由《もうしそうろうよし》ニて、ゴワ国え寄せ、夫《それ》ヨリ出船《しゅっせん》仕《つかまつり》カアプと申近所《もうすきんじょ》、アンガウラと申所《ところ》にて破損仕《つかまつり》候、人は大方《おおかた》たすかり申《もうし》候故《ゆえ》、カアプより咬留吧《からぱ》え申越《もうしこし》候、

（『和蘭風説書集成』）

シャムからヨーロッパへ向かった使者の船は、結局カアプ（喜望峰）の近くで難破し、救助された人々はオランダ船によってバタフィアへ送られた、という一文が追加されている。この部分はオランダ人の話を聞いてから、通詞がさらに踏み込んで聞き質したのではないかと思われる。通詞はシャム王の遣使の成功不成功をぜひとも知りたかっただろうし、オランダ人は自分たちの強さと慈悲深さを語りたかったはずだからである。

幕府はヨーロッパに興味なし

一六八八年、イギリス東インド会社は通商条約の締結のための書翰をシャムの新王ペトラーチャーに送った。オランダ東インド総督ヨハネス・カンプハイスは、イギリスからシャムへの働きかけが会社にとって脅威だと判断し、イギリスからシャムへの書翰の写しを日本商館へ送った。

日本商館長ヘンドリック・ファン＝バイテンヘムは、同年一〇月一二日付の書翰で、総督

に次のように報告した。

ヨーロッパ諸国の状態について、江戸では何も質問されませんでした。それはとても不思議に思われました。バタフィアの総督閣下とシャムの商館長から受け取った最新情報の中から、通例のように私が必要だと判断したことだけを通詞たちに伝えました。またイギリス東インド会社からシャム新王に送られた書翰のことも、通詞たちが長崎奉行に内密に伝えられるよう知らせました。それを知って通詞たちは悪い予感を抱きました。そしてフランス人宣教師やポルトガル人宣教師がシャムから中国に入ることや、シャムにおけるフランス人やポルトガル人の悪い企てについても、通詞たちは大いに困惑したように見えました。また、江戸の幕府高官たちも少々心配になってきたのだと私は判断します。九月四日に平戸と有馬《ありま》の領主〔平戸藩主と島原《しまばら》藩主〕に宛てて江戸から書翰が届き、長崎の周辺地域の防備を固めるようにとの命令が伝えられたからです。

商館長ファン＝バイテンヘムは、ヨーロッパ諸国の動きについて、参府の際江戸の幕閣が関心を示さなかったことにいささか不満なようである。しかし、シャムの情勢については幕府が強く反応したと認識した。

さらに、カトリック宣教師をシャム経由で中国に入国させる計画があることを告げて、通詞を当惑させている。この話はまったくの作り話というわけではなく、実際、ルイ一四世の費用でフランス人イエズス会士六人が中国に派遣されていた。彼らは布教のため、一六六七年シャム経由で寧波《ニンポー》に入った。ファン＝バイテンヘムは、一六八八年一一月二六日付でシャム商館長ヨアン・ケイツに書き送っている。

長崎奉行は通詞を介して、シャムでのフランス人その他のカトリック教徒の行状すべてに関して詳しく情報を集め、怠りなく長崎のオランダ商館に知らせるようシャム在勤の会社職員に書き送ることを我々に命じました。

シャム情勢と絡めて伝えよ

一六八九年七月一日付の書翰で総督カンプハイスは日本商館長コルネリス・ファン＝アウトホールンに、自分の判断に添えて、次のような指示を出した。

前の商館長ヘンドリック・ファン＝バイテンヘム閣下が、江戸で幕府の高官からヨーロッパの出来事について少しも質問されなかったのはとても不可解です。去年のシャムの重要な知らせ〔新王の即位〕が貴下によって伝えられ、長崎から江戸へ送られたならば、江戸の幕府は疑いなく今年は去年よりも興味をもち、その知らせについて貴下に詳しく質問するにちがいありません。なぜなら、その情報は彼らを非常に驚かせるでしょうから。オランダ人の誠実で平和的なやり方とフランス人やイギリス人悪行とを比べて、シャムの現王がオランダ東インド会社に非常に傾倒しているということは次期の日本商館長バルタザル・スウェールスが熟知しているだけでなく、我々の命令によりシャムから貴下に送られるはずのシャムの出来事の続きに関する報告書の写しから、貴下にもより詳しくわかるはずです。〔中略〕

これらのヨーロッパ情勢〔オランダと英、仏との戦争、名誉革命など〕についての重要な情報は、日本人にも詳しく知らせてください。その際、これらすべてが一六七二年にもオランダに攻め込んできた二人の王〔ルイ一四世とジェイムズ二世〕の悪賢いたくらみから自国を守るため以外の理由で起きたのではないこと、さらに、フランス王やイングランド王が彼ら自身の臣民に対して行っていたような残忍な独裁からオランダ人を引き離すためだったということも付け加えてください。

幕府がヨーロッパ情勢に無関心なことに、東インド総督は疑問をもった。そして、シャム情勢と絡めてヨーロッパ情勢を伝えれば、ヨーロッパへの幕府の関心も増すだろうと考えた。そのため、シャムのクーデターに関するシャム商館長の報告書の写しを日本へも送らせたのである。同時に、オランダ総督オラニエ公ウィレム三世が軍とともにイングランドに上陸、カトリックのジェイムズ二世を退位に追い込んでイギリス王として即位、妻のメアリ二世との共同統治を開始したこと（名誉革命）や、九年戦争（一六八八―一六九七年に起きたルイ一四世とオランダを含むヨーロッパ諸国との戦争）が勃発したことも知らせるよう日本商館長に指示した。その際、それがオランダ側の侵略戦争ではなく自衛戦争であることを、イギリスの前王やフランス王の残酷さを強調しつつ告げるよう、念を押している。

一六八九年七月付の書翰で、シャムから送った情報が日本人を満足させるのに役立ったかどうか知らせてほしいという旨がシャム商館長から日本に伝えられた。日本商館長は、シャムからの情報は日本人を大変喜ばせたので今後も続けて書き送ってくださいと同年一〇月付で返信している。この後も一七一〇年ごろまで、とくにフランス人やポルトガル人のカトリック教徒について知らせてくれるように日本商館長はシャム商館長に対して要請し続けた。それに応えてシャム商館長は、シャム経由で日本に向かう船に同地に関する情報を託したのである。

一六八九年九月、夏にシャムから送られてきた総督宛報告書の写しをもとに日本商館長は通詞にシャムの情報を詳しく伝えた。一部を紹介しよう。

年老いたシャムの王ナライが亡くなり、その直前に王弟二人が殺された。かつて謀反の企てに荷担したことがあったからである。そして、フランス人やイギリス人に対抗して忠誠を表した前の軍司令官オプラ・ペトラーチャーが王位に上った。

フランス人はとうとう、シャム人から預かってきたバンコク城〔チャオプラヤー川の河口にある、現在タイの首都〕を去った。情けと慈悲で自由に出発することを許されたのに、人質として送られてきていた何人かのシャムの高官とその子供たちを連行した。シャムにいたイギリス人もほとんど去り、シャム国はふたたび完全に平穏な状態に落ち着いた。

シャムの新王はバタフィアの総督閣下に書翰を送り、その中でオランダ東インド会社やオランダ国民に対する新王陛下の満足を非常に好意的に表明してくださった。なぜなら、シャムの内乱に際し、つねにどこでも我々がしているように忠実な友人として振る舞ったからである。それゆえ、我々は君主の愛顧のもとで、シャム国内にとどまり安心して貿易を続けられることになった。

ここでは、クーデターによって王位についたペトラーチャーを、ナライ王に対して忠誠を尽くし続けた人物として好意的に描いている。新王ペトラーチャーがオランダ人の味方だったからである。逆に、フランス人、イギリス人への悪意をあからさまに示し日本人の敵意が彼らに向くように誘導している。

消えつつあるカトリック勢力への恐れ

一六九〇年から一七一五年までほとんど例年のようにシャムからの知らせだけを伝える風説書が作成された。そのうち何本かは、ずばり「シャム風説」という表題をもっている。しかしその後、シャム情報に特化した風説書は見られなくなる。

理由の一つは、一七一五年の正徳新例でオランダ船の日本来航数が年二隻に制限されたことである。そのため、同年を最後にシャム経由で長崎に来航するオランダ船はなくなった。翌年からオランダ東インド会社はシャム産品をバタフィア経由で日本に運び、シャムの情報もバタフィアから来るようになった。

第二に、シャムの国情や同地で活動するカトリック宣教師の情報を流すことの意味がオランダ東インド会社にとってなくなったからである。一七一五年のシャム風説の内容は、オランダ船が遭難し、生き残った乗員がシャムで活動するカトリック宣教師の伝《つて》を頼り、結局シャム経由でバタフィアに送還されたというものである。シャムでのカトリック宣教師の活動を脅威として強調するような内容ではない。

この背景には、スア王（ペトラーチャー王の子、在位一七〇三―一七〇九）の後を継いだターイサ王（在位一七〇九―一七三三）の治世に入り、シャムがスペイン、フランス、イギリスなどとの関係を縮小させたことがあるだろう。オランダ東インド会社にとっての大きな対抗勢力や非難の対象が、シャム国内になくなったのである。

この時期、シャム出帆のジャンク船は、シャムについてどのような情報を伝えていたのだろうか。ほとんどの唐船風説書は、シャム情勢を「静謐《せいひつ》」としている。一六八九年にナライ王死後のクーデターを、一七〇三年にペトラーチャー王の即位を伝えている程度である。カトリック宣教団やフランス東インド会社に言及した形跡はない。

オランダ風説書が始まったとき、その最終目的は、ポルトガル、スペインをはじめとするカトリック勢力を日本とその近海から排除することであった。キリシタン禁制のため、幕府にとってそれは必要であった。

一六八〇年代から一七一〇年代に見られたシャム風説は、日本からのカトリック勢力排除という本来の目的のために作られた風説書の最後の姿だったと言えよう。そこでは、ポルトガル人の代わりにフランス人が主たる標的になり、当時カトリックの王を戴いていたイギリス人も非難の対象に加えられている。

総じて、オランダ東インド会社はカトリックの脅威を喧伝《けんでん》して、日本貿易を有利に導こうとしていたのだ。一六八〇年代を境に中国周辺の海域がほぼ落ち着いたのとは対照的に、東南アジアはまだ社会的にも経済的にも混乱していた。それはヨーロッパの戦争とも結びついており、ヨーロッパ人同士の競争も熾烈だったのである。

また、この段階では幕府も、オランダ人提供の海外情報をジャンク船からの情報と比較することが可能であった。そのため、対抗する情報源の存在が圧力となり、風説書は事実に即したかなり詳しい内容となっていた。

長崎の奉行や通詞たちは東南アジアの情勢に目を向けていた。シャムは唐船(ジャンク船)の活動範囲の西の端にあり、それゆえ伝統的に日本が関心をもってきた世界の西端でもあった。ヨーロッパで起きている戦争は、それ自体では日本人の興味を引かない。興味をもったとしてもあまりに自分たちとかけ離れていて理解できなかっただろう。しかし、シャム王国の動静、あるいはシャムから中国に宣教師が送り込まれているという情報と組み合わせると急に現実味を帯び、幕府の関心が高まるのである。

かたや江戸の幕府は、キリシタンや対外的な問題についての関心を次第に縮減させていった。時の将軍徳川綱吉(在職一六八〇―一七〇九)は並外れて強い好奇心をもっていた。しかし参府したオランダ商館長に彼が質問したのは、「子供は何人いるか」などの非政治的なことばかりであった。一六四〇―一六六〇年代の参府の際、井上政重や北条氏長から商館長が受けた鋭い質問とは比べものにならない。

長崎商館付きの医師として来日したエンゲルベルト・ケンペルが綱吉に拝謁したのは、まさに一六九〇年ごろのことである。ケンペルが描いた日本人の外の世界に対する興味のありかたは、もはや恐れではなく単なる好奇心であった。ちなみに、そのケンペルの著書『日本誌』の序文に、日本を「閉じた国」と書いた一節がある。一九世紀に入って、その序文が「鎖国論」という標題で翻訳出版されたとき、「鎖国」という日本語が誕生したのである。

プラッシーの戦い

一七五七年六月、西ベンガルで、世界史上有名なプラッシーの戦いが起きた。イギリス東インド会社の軍隊がベンガル太守《たいしゅ》とフランス東インド会社の連合軍を破ったのである。この戦いの結果、一七六五年にイギリス東インド会社はベンガルでの徴税権を獲得し、それを梃《て》子《こ》にベンガルでの優勢を決定的にした。それまでもっぱら通商のためにアジアに来ていたヨーロッパ人が本格的に領土を獲得したという点で、のちの植民地支配につながる大きな転換点だった。

一七五八年日本商館長ヘルベルト・フルメウレンは、通詞たちに対しオランダ東インド会社が十分なベンガル産絹織物を輸入できない理由としてベンガルでの戦争を挙げた。実のところ、会社は利益の上がらないベンガル産生糸・絹織物の日本向け輸出を打ち切りたいと望んでいた。しかし、それを隠して戦争という別の言い訳を持ち出したのである。

一七五八年一一月一二日付で、フルメウレンは総督ヤコブ・モッセルに次のような書翰を書いて報告した。

ベンガル産の絹織物は幕府への贈物用にも販売用にも手に入れることができなかったと日本人に説明しました。イギリス人とベンガル人との争乱によって織手たちが逃亡し、ベンガルの織物業が沈黙したため、同地での絹の集荷がほとんど止まり、その結果十分な量の商品を運んで来られなくなったのだと話しました。

この説明は、現在の日本ではかなり説得力があります。他国とのあらゆる通交関係の外に暮らしていて、オランダ人が言うことをほとんど何でも信じる日本人には、オランダ人の望むことが何でも受け入れられます。以上のような話から日本人は、オランダ人にとって望ましい、すばらしい考察を導き出しました。すなわち、ベンガル人がこのような強制をイギリス人から押し付けられたのはあまりに多くの外国人の入国を許してしまったからであり、ベンガルは外国人に支配されかかっている、反対にオランダ人とだけ付き合っていたならばこのようなことにはならなかっただろう、という考えです。

我々はこのような意見に異論のあろうはずがありません。日本人は今やベンガル情勢と、諸外国からの災いを招かない自分たちの安全な状態を比較して、そのような状態がオランダ人との貿易の継続にかかっていると確信しています。それゆえ、彼らはこの貿易制度を維持しようとますます努力しています。

彼らは何でも信じる

この書翰は、二つの点で注目される。

第一点。ベンガル情勢についての商館長の説明は、彼の思惑とは違う効果をもたらした。書翰の中の「日本人」とは、おそらく長崎の通詞を指すと思われるが、彼らはベンガル人の苦しみは複数のヨーロッパ人を受け入れていたことが原因だと考えた。オランダ人としか付き合っていない日本のあり方を、外国との紛争を防ぐ良い状態だと考えたのである。「鎖国」が日本人自身によって自覚され、かつ良いものだと認識されたと解釈できるだろう。もちろん、この認識はオランダ人にとって非常に好都合だった。

第二に、商館長が日本人を「あらゆる通交関係の外に暮らしていて、オランダ人が言うことをほとんど何でも信じる」と表現している点である。ここには、日本への海外情報の経路を独占しているという自信のようなものが感じ取れるだろう。

プラッシーの戦いの知らせがオランダ風説書に書き込まれることはなかった。つまり、通詞や長崎奉行はこの情報を江戸に伝える必要がないと判断したことになる。この情報に接した通詞は、それを幕府の政策の妥当性を証明するものと認識しているので、伝えないほうが望ましいと考えたとは思えない。ベンガル情勢に風説書が最初に言及するのは、プラッシーの戦いから三年後の一七六〇年のことである。

オランダ風説書は、一七六五年に始まるビルマ軍のシャム侵入と一七六七年のアユタヤ朝の滅亡にも触れていない。一八世紀の初めに日本人が強い興味を示していたシャムは、もはや関心の外だったということになる。

半端に伝えられたセイロン情勢

しかし、同じ時期のセイロン（現スリランカ）での出来事は一七六五年のオランダ風説書の中に見出すことができる。

一七六五年セイロンにおいて、オランダ東インド会社はキャンディの王キルティ・スリ・ラジャ・シンハとの戦いに勝利し、王都を占領した（イギリス東インド会社はこの戦争に介入しようとしたが、キャンディ王は支援を拒否した）。そして、会社に有利な条件で講和を結んだ。一七六六年に会社は、王領で自由にシナモンを採取する権利を手に入れ、セイロン島の沿岸部を会社の領土に組み込んだ。そしてセイロン商館の職員は、もはやキャンディ王の前で王国の作法どおりに振る舞うことをやめた。この出来事をきっかけに、セイロンでの会社のあり方は一七世紀とはまったく違うものになった。交渉ではなく軍事力に訴え、貿易ばかりではなく領土の拡大にも乗り出したのである。イギリスにインドを抑えられつつある今、インド洋の交通の要であるセイロン島を掌握することが急務だと考えられたのであろう。

しかし、商館長日記も、長崎―バタフィア間の往復書翰も、この戦争や講和についてはロを鎖《とざ》して何も言及していない。幕府がどう反応したかを示す日本側の史料も見つからない。一七六五年の風説書は、会社がセイロンの領主との戦いに勝利し首都を占領して講和を結んだことを、次のように伝えている。しかしその結果には触れてはいない。

一　セイロン国領主と同国内阿蘭陀《どうこくないおらんだ》商館と争論之上及合戦候段《のうえかっせんにおよびそうろうだん》、去夏御地《おんち》来朝之《の》後、咬𠺕吧《からぱ》表《おもて》え申越《もうしこし》候処《ところ》、全勝利ニ相成《あいなり》、セイロン領主同国之《の》内片鄙《へんぴ》え逃去《にげさり》、城邑《じょうゆう》阿蘭陀人手《て》に入《いれ》候段、去閏十二月に申越候に付《つき》、咬𠺕吧《からぱ》より政事《せいじ》之《の》ため頭分之者壱人《かしらぶんのものいちにん》差越置《さしこしおき》申候

（『和蘭風説書集成』）

おそらく商館長は、アジアにおけるオランダの領土獲得に幕府が警戒心を抱くのを恐れて、詳細を伝えなかったのだろう。日本人が理解したのは、オランダがアジアで十分その勢力を保っているということのみだっただろう。実際には、インドでの足がかりを失いつつあったのであるが、それを告げる者はなかった。この一七六六年のセイロン情報は、「西洋近代」の接近を告げる最初の兆しでもあった。しかし結果的には、一連の伝統的な情報の中に埋没してしまったのである。

オランダ風説書の黄金時代

一八世紀の半ば、日本での情報提供に関してオランダ人には競合する相手がいなかった。オランダ人の言うことを日本人は何でも信じると商館長が感じるほどだったのである。中国からの情報は、琉球や朝鮮経由でもたらされていたが、そこに幕府が大きな脅威を感じる要素はなかった。ジャンク船はもはや東南アジアの知らせをもたらすことはなくなっていた。ポルトガル人やスペイン人などの宣教師の密入国も途絶えた。そのため、今日で言うベトナム以西の情報は、オランダ人が独占的に供給したのである。

オランダ人が海外情報をほぼ独占したという意味で、一八世紀の半ばはオランダ風説書の黄金時代である。しかも、オランダ人からの情報を、もはや幕府は他と比較して確認することができなくなっていたにもかかわらず、そのことを現場にいる長崎の役人でさえ不安に感じなかった。この時期、欧米諸国の勢力争いの主たる舞台はベンガルやセイロン島だった。日本の伝統的な対外的関心の外で起きていることに幕府は興味を抱かなかったのだ。ユーラシア大陸の隅で幕府は束の間の平穏を満喫していられたのである。

このことは、幕府もオランダ東インド会社も、カトリックの勢力がふたたび日本に及ぶかもしれないという恐怖から自由になっていたことを意味する。「西洋近代」の新しい動きは、日本人の間ではいまだ脅威だとは認識されていなかった。海外に恐れるべきものがない以上、オランダ人に情報を提供させる積極的な理由が日本人にはほとんどない。オランダ東インド会社の側でも、追い落とさなければならない競争相手がいなくなり、情報を提供する動機は減少した。したがって、この時期のオランダ風説書は概して短く、内容も薄い。商館長日記にも、中身ではなく「情報を提供した」という事実しか書かれていないことが多い。

中身が薄いという意味で、この時期は風説書にとって停滞の時代であったとも言えよう。アユタヤ王朝の滅亡やプラッシーの戦い、アメリカ合衆国の独立など、当然伝えられてしかるべき大事件が伝えられていないことがそれを象徴している。

オランダ風説書の停滞の時代は、同時に日蘭貿易の衰退の時代でもあった。一七世紀半ばオランダ東インド会社に巨利をもたらしていた日本への生糸輸入は、風前の灯《ともしび》だった。世界で最高の品質を誇る中国生糸の集荷地だった台湾を一六六〇年代に喪失して以来、会社はトンキン（ベトナム北部）産、ペルシア産、ベンガル産の生糸を日本に運んだ。しかし、輸出を禁じられた日本銀にかわる有力なトンキンへの輸入品が見つからず同地の政情不安も重なって、一七〇〇年に会社はトンキン貿易から撤退した。さらに、ペルシア産の生糸も仕入れと輸送のコストが高く断念（一七五九年にはペルシア商館を閉鎖）。一七〇五年からはベンガル産の生糸のみを運ぶようになったが利益は上がらなかった。一方、日本の生糸生産は順調に伸びた。一七二〇年代には国内産の生糸で京都西陣の機業の需要がほぼ賄えるようになったと言われている。

一六四一年にポルトガル人の追放を決定するとき、幕府はオランダ人から「ポルトガル人が持ち渡っていたのと同量の生糸を輸入できます」という言質《げんち》を取った上で最終的な判断を下した。それほど、輸入生糸の需要は大きかった。しかし一八世紀には、絶対に輸入が必要な品は薬種と書籍くらいだけになっていた。外国人に対する恐れや関心の低下は、自分たちの社会（それを「日本」と認識していたかどうかは別として）や経済、文化への自信や誇りの裏返しでもあった。飢饉《ききん》や幕府権威の揺らぎなど内部に深刻な矛盾や問題を抱えながらも、天下は泰平であった。そしてその中で俳句や歌舞伎など今日我々が誇ってよい「日本」的な文化が成熟しつつあったのである。

貿易交渉の切り札としての風説書

一七八〇年に第四次英蘭戦争が勃発した。それにより、オランダ船はヨーロッパ—アジア間及びアジア域内でイギリス海軍の攻撃を受けた。その結果、日本貿易に回す船が不足するようになる。さらに、一七八七年から始まった寛政改革の一環で、一七九〇年以降長崎貿易は「半減商売」と決められた。つまり、来航してよいオランダ船が年二隻から一隻に減らされ、それに応じて貿易量も減らされたのである。ただ、二年後アダム・ラクスマンが根室に来航し、ロシアに関するオランダ人からの情報を必要とした幕府は、オランダ貿易の制限を若干ゆるめた。松平定信《まつだいらさだのぶ》は蘭書の蒐集《しゅうしゅう》と分析を開始し、その有用性を認めたとされている。

経営が悪化していたオランダ東インド会社は、商館長を日本に五年間在勤させること、また商館長の参府を毎年から四年に一回に減らすことを願い出、あっさりと許可された。

そのような時代に、ひときわ強烈な個性を放った商館長がいた。彼、イザーク・ティツィングは、有能な商館長であるとともに学者肌の教養人でもあり、日本文化に強い興味を示し続けた。日本商館長を三度にわたって務めた後も、通詞や蘭学者たちと個人的に文通を続けていた。

一七八四年八月一九日、三回目の日本商館長を務めるため来航したティツィングは、異例のことだが、着任と同時に商館長の地位と権限を受け継いだ。そして風説書への署名を拒否するのである。この間のやりとりを語る商館長日記の記事を見てみよう。

商館長としての職責を継いですぐに私は、会社の輸入品の価格引き上げについても、商館長に対する不名誉な身体検査の免除についても、前商館長が江戸において提出した要求が、拒否された件についての情報を集めようとした。けれどもどちらについても情報が得られなかった。前商館長の報告によれば何度も申し出たにもかかわらずうまくごまかされたままであるというので、私は不満だった。そこで、私は東インドや祖国の最新情報を通詞たちに提供するに際し、書類への署名を拒否した。その紙に会社の衰退した日本貿易に関する苦情が書き込まれないかぎり署名しないと言った。すると年番町年寄が午後出島に現れ、風説書は貿易とはまったく関わりがなく、署名の拒否は江戸の幕府に悪く取られるだろうと述べて、とうとう私を説き伏せ最新情報〔風説書〕に署名させた。

これは、貿易条件の緩和のために商館長が風説書への署名を拒否した珍しい例である。長崎奉行を困らせようと風説書への署名を拒否したのだが、結局説得されてその日のうちに署名をしている。うまくいかなかったのだが、逆に考えればわざわざ地役人トップの町年寄が出島に赴いて必死の説得をするだけのできごとだった。至急江戸へ送らなければならない風説書に商館長の署名がなければ奉行だけでなく地役人たちも咎められかねないからである。

同年一一月二六日を最後にティツィングは日本を離れ、ベンガルや中国などで勤務した後、ヨーロッパに帰った。

日本からの撤退を検討

一八〇一年ロンドンから、友人である丹波《たんば》福知《ふくち》山《やま》藩主の朽木《くつき》昌綱《まさつな》にティツィングが送った私信に次の一節がある。朽木昌綱は日本屈指のオランダ語力をもっていた。この手紙もオランダ語で書かれている。


　私が中国に滞在している間にヨーロッパでは大きな戦争が勃発し、迎えに来るはずのオランダ船はバタフィアで足止めされてしまいました。

　もし戦争が起きていなかったら、私は中国からバタフィアに戻り、総督府によって将軍への使節として派遣されるはずでした。家康と秀忠の通航許可証〔朱印状〕で会社に許された完全に自由な状態での日本貿易をオランダの会社が行えるよう請願するためです。もし貿易条件の緩和を獲得できなければ、一八〇年もの間貿易を許してきた将軍の厚意に感謝し、日本貿易では利益より損失の方が多いため、我々は日本からの撤退を余儀なくされているのだと説明し、それでも会社は将軍に贈物を献上し日本にとって重要なヨーロッパの出来事を知らせるために三年ごとに一隻の小船だけは送ることにしようと、宣言することになったでしょう。

（『オランダ商館長の見た日本』参照）

たとえ通商関係を破棄しても、ヨーロッパの出来事を三年に一回伝えるためならば、幕府はオランダ人の入国を許すだろう、というのが日本通であるティツィングの見込みであった。もちろん、帰荷を積まずに空船で帰らなければならないような、つまり貿易利益をあげられない船を、オランダ東インド会社ともあろうものが動かすはずはない（そもそも会社は、一七九九年にすでに解散している）。だから、日本側が認めるかどうかという以前にこの案が実現する可能性はなかった。

署名拒否にしてもこの案にしても、結局は実現しなかったのだが、ティツィングが風説書に寄せていた評価の高さや期待の大きさを示している。将軍が貿易を許しているのはオランダ人がもたらす情報（風説書）がほしいからだと、ティツィングは幕府の論理をある意味で正しく理解していた。そして、オランダがもつ交渉の武器として日蘭貿易の再興に風説書を利用しようと考えていたのである。

オランダ東インド会社は、対日貿易に見切りをつけ、撤退することを何度も真剣に検討していた。日蘭貿易は規模が小さくなり、利益もあがっていなかったからである。にもかかわらず撤退という決断をついに下せなかった理由が、二つあると思われる。

第一に、日本では商館の防備のために城壁を築くなど武装する必要がなかったことである。一八世紀末、会社は多大な債務を抱えていたが、その最大の原因は軍事費だった。経費が少なければ、利益があまり上がらなくてもやっていける。日本では長崎港に入るや否や武装解除されてしまうが、そのぶんオランダ人の安全は将軍が完全に保障してくれた。そのおかげで出島のように丸腰の商館でも存続できたのである。

第二に、オランダ人は日本市場の潜在的な可能性に期待しており、幕府の貿易統制さえなくなれば、利益があがるだろうと信じ続けていたことである。それゆえ、日本との独占的な関係を完全には絶ちたくなかったのである。オランダが絶ってしまえば、どこか他のヨーロッパの国がとって代わるだろうと推測された。なぜなら、日本人は情報を提供してくれるヨーロッパの国を少なくとも一つ必要としていると知っていたからである。だからこそ、ティツィングは風説書を交渉の切り札として貿易制限を緩和してもらおうとしたのである。

東インド会社の消滅

一七九六年から一八〇七年まで一〇年以上にわたり、オランダ（一七九九年まではオランダ東インド会社、それ以降はバターフ共和国下の植民地政府）は日本にほとんど船を向けることができなかった。そこで、航海の途中でイギリス船に拿捕されにくい中立国（アメリカやデンマーク、ドイツのハンザ都市ブレーメン）の船を雇って日本貿易にあてた。

一八〇〇年、新任の商館長ウィレム・ワルデナールが着任するが、前年に東インド会社が解散したことは日本人には秘密にされていた。

ワルデナールは一八〇三年に離任し、バタフィアに帰った。このとき商館長の職務を引き継いだのが、ヘンドリック・ドゥーフである。在任中、一八〇四年にロシア使節ニコライ・レザーノフが長崎に来航する事件が、一八〇八年にはマカオ占領中のイギリス艦隊の一隻フエートン号が長崎湾に侵入するという事件が起きた。一八一一年イギリスのベンガル副総督スタンフォード・ラッフルズがバタフィアを占拠し、一八一六年までジャワを支配した。一八一〇―一八一六年には、オランダ船はまったく来航しなかった。

ドゥーフは、後任者が来なかったため一八〇三年から一八一七年までその職にあり、危機に瀕《ひん》した長崎のオランダ商館を守った。貿易に依存する長崎の町そのものも苦境に陥ったが、商館の困窮はさらに厳しかった。その間ほとんど貿易ができず、生活費すら日本で借りるしかなかった商館員に対して、日本人は親愛の情をもって接し続けた、とドゥーフは書いている（『ドゥーフ日本回想録』）。

江戸時代を通じて、風説書はおおむね正しい情報を伝えている。今まで述べてきたように、一八世紀初めまでオランダ人は嘘をつきたくても知っていることをありのままに語るしかなかった。東南アジアから来航する唐船や密航宣教師といった別の情報源が併存したためである。一八世紀半ばには嘘をつく必要がなくなった。そして、都合の悪いことは黙ってさえいればそれで済んだのである。

ところが一八世紀末になって、黙っているだけでは済まず嘘をつかなければならないような事態が生じた。ヨーロッパで起きた世界史的な大事件がその原因であった。

操作されたフランス大革命の情報

フランス大革命が最初に言及されるのは一七九四年である。同年の風説書から関連部分を見てみよう。

フランス国臣下《しんか》之《の》者共《ものども》徒党《ととう》仕《つかまつり》、国王並《ならびに》王子を弑《しい》し国中乱妨《らんぼう》におよび申候《もうしそうろう》に付《つき》、阿

蘭陀国其外近国《そのほかきんごく》よりも同所《どうしょ》え押寄《おしよせ》及合戦《かっせんにおよび》申候段《だん》、申越《もうしこし》候に付《つき》、カラパ表《おもて》よりも軍船等差越《さしこし》申候、

（『和蘭風説書集成』）

一般に、はるか彼方のヨーロッパの知らせであっても一年後には風説書で言及されるのが普通であった。しかし、フランス大革命の報知には、一七八九年のバスティーユ牢獄《ろうごく》の陥落から五年近くを要した。この点を強調する研究もある。ただ文面を見ると、「国王並王子を弑し」というところに主眼が置かれていることがわかる。ルイ一六世が処刑されるのは一七九三年であって、それまでは報ずるに足る大事件が起きたとはオランダ人も思っていなかったのかもしれない。近代的な意味での「革命」という言葉はまだ存在しておらず、そこで起こったことの意味など十分にとらえられたはずもないからである。

翌一七九五年の風説書は、第一章で紹介したように、「一、去年申上候フランス国戦争未平和不仕候に付、〔後略〕」となっており、革命というよりフランスと周辺諸国との戦争を主とした書き方である。一七九四年にフランス革命軍の侵攻を受けたオランダにとっては、革命よりも戦争のほうが重大な関心事だった。

一七九六年にはオランダ船は来航せず、風説書はなし。現存唯一の正本がある一七九七年の風説書には次のようにある。

一、フランス国臣下《しんか》之《の》者共《ものども》徒党《ととう》仕《つかまつり》、国王並《ならびに》王子を弑《しい》し、国中乱妨《らんぼう》におよひ候《そうろう》に付《つき》阿蘭陀国其外近国《そのほかきんごく》よりも同所《どうしょ》え押寄及合戦申《おしよせかっせんにおよびもうし》候段《だん》、去る寅《とら》年申上《もうしあげ》候末《すえ》、臣下逆徒之《ぎゃくとの》者《もの》共《ども》追討《ついとう》仕《つかまつり》、王孫之《おうそんの》内国主《うちこくしゅ》に相立《あいたて》、旧臣之《の》者守護《しゅご》仕《つかまつり》、国中漸《ようやく》平和に相成《あいなり》候に付、近国和睦《わぼく》仕《つかまつり》候、然《しか》る処《ところ》エゲレス国より大軍《たいぐん》を発し、阿蘭陀国え押寄合戦におよび候末《すえ》、阿蘭陀之《の》所領商館之《の》向々《むきむき》え乱入仕《つかまつり》、剰《あまつさえ》弁柄《べんがら》国並《ならびに》コスト之《の》両商館横領仕《つかまつり》候に付、弥《いよいよ》戦争相募《つの》り罷在《まかりあり》候、

（『和蘭風説書集成』）

冒頭は、一七九四年の風説書とほぼ同じである。この和文風説書を読むとこの年までに王政復古が起きたかのように読めるが、それは事実と異なっている。また、この風説書ではイギリスからオランダに大軍が向かったとあるが、本国ではこのような事実はない。したがってイギリス東インド会社の軍隊が、弁柄国〔ベンガル〕とコロマンデル海岸《コスト》（インド東海岸）のオランダ商館を占領したことに重点が置かれていると読むべきだろう。何より、本国が危機にあるとはオランダ人も言いたくなかったのである。

レザーノフ来航予告情報

ロシア使節レザーノフの来航は、その二ヵ月ほど前にオランダ商館長から長崎奉行に知らされていた。商館長ドゥーフの日記、一八〇四年八月八日条。

船の到着後私は直ちに御内用方大通詞《ごないようかた》の中山作三郎《さくさぶろう》と石橋助左衛門《すけざえもん》とを呼び、次のように言い渡した。すなわち、フランス共和国と同盟関係にあるオランダとイギリスとの間にふたたび紛争が生じているが、速やかに終結するだろうと噂されている、私がこのことを風説書に添えて提出すべきか否か、彼らはどう考えるか、と。

彼らは長い間話し合った後、これが今知らされたら大きな困難が生じるので、この件については黙っていることで意見が一致した。

同時に、もし私がこのことを知らせずにおいて噂が広まったら一層悪いことにならないか考えてもらいたい、と彼らに提案した。それに対して彼らは次のように答えた。すなわち、そうなっても一切問題はない、なぜなら私が風説書にそれを記さなければ、他の誰が何を言っても信憑性がないとみなされるからである、と。

さらに私は次のように言った。すなわち、ロシア皇帝の使節が乗った二隻のロシア船が、世界一周の航海に出ており、たぶん当地日本にも来ると思われる、それについて彼らはどう考えるか、と。これに対しては、黙っているより知らせたほうが会社の利益となるだろう、そうすればどの国であれ日本に向けて攻撃したり使節を派遣したりしようとしていると聞いたら直ちに知らせるように、というオランダ人が将軍から毎年受けている命令を、厳守している証拠になるからである、これは将軍に喜ばれるはずであって、オランダ人の損失とはならないだろう、と彼らは言った。

夜十時近くに通詞仲間全員が将軍への風説書を聞き取るために来た。その時私はイギリスとの和平の破棄については沈黙し、ロシア船の来航とその他の通例の風説を知らせた。

（『長崎オランダ商館日記』参照）

一八〇二年にナポレオンがイギリスと結んだ平和条約（アミアンの和約）は翌年には破られた。イギリスとフランス・オランダとの間でふたたび戦争が起こったという情報は、通詞の反対で風説書に盛り込まれなかった。ちなみに、御内用方通詞とは、将軍のための輸入品を選別して優先的に買い上げ江戸に送る目的で設けられた役職で、長崎のオランダ通詞が務めた。一九世紀に入ってもなお、「通常の」風説書はオランダ語の文書を渡して後は通詞に任せるのではなく、双方相談の上で最終的に決定されたことがわかる。さらに、もし風説書に書かれていないことが噂になった場合でも（これは、オランダ商館の商館員から日本人に非正規のルートで伝わることを想定していると思われる)、それが問題になることはないと通詞が考えている点も注目される。一六六〇年代には風説書に書かれていないことが噂になれば問題になったのだが、風説書の黄金時代に風説書の権威が増して、この時期には商館員の噂程度は問題にならなかったと見える。

一方、ロシア船来航の情報は通詞を介して長崎奉行に伝えられた。松本英治氏によれば、それにもかかわらず、この予告情報は江戸に伝達されず長崎奉行の手元に留め置かれた。しかも、実際にレザーノフが来航し、江戸から来た上使遠山景晋《とおやまかげみち》(「遠山の金さん」こと遠山景《かげ》元《もと》の父)に前年予告情報があったことが知れたときにも、長崎奉行が処罰された形跡はまったくない。オランダ人に対しても、ロシア人が来るらしいと事前に知らせたことを非常に満足に思う、という言葉が、長崎奉行から通詞を介して伝えられた。

長崎奉行が情報を取捨選択して江戸に伝えることは、江戸の幕閣もある程度承知の上であった。とくに長崎奉行の怠慢として咎められるようなことではなかったのである。おそらく江戸に伝えるか伝えないかは長崎奉行の裁量に任せるしかないと幕府は考えていたのではないだろうか。あれは伝えるべき、これは伝えなくてもよいという基準を前もって設けることは至難である。だから、結果的にさほどの問題が起きなければ放置したのであろう。

フェートン号がもたらした情報の波紋

一八〇八年一〇月四日、オランダ国旗を掲げた謎の船が長崎湾に進入した。イギリス船フェートン号であることがのちに判明する。同船はオランダ商館員二名を人質に取り、港内にオランダ船がいないかどうか探索した。そして、水や食料を手に入れて人質を返し、一〇月六日に長崎を去った。フェートン号の船長は去る間際、ヘルマン・ダーンデルスがオランダ領東インド総督としてバタフィアに着任したことなどを、商館長ドゥーフ宛に書き送った。ドゥーフは、「奉行に対し、私が理解できたかぎりにおいて、その短い書翰の内容を知らせた」(『長崎オランダ商館長日記』)。

七日後、通詞たちがドゥーフを訪ねた。イギリス船の水夫が出帆直前に語った、フランス皇帝の弟がオランダ王になっているという話の真偽を確かめるためである。このきわどい質問に、ドゥーフは一瞬返答に窮した。なぜなら、前年ドゥーフはこのことを日本側に知らせずにおいたからである。そこで、去年そういう噂はあったが、その時にはまだ正式に知らされていなかった、これは結局我々の敵であるイギリス人が話したことなので、事実かもしれないが、確証はないと、答えておいた。

さらに五日後の一八日、ドゥーフは、フェートン号はただオランダ船を略奪するためだけに当地に来航したのだから、混乱の原因はオランダ人であるという噂が流れていることを知った。そしてこの噂が将来オランダ人の害になるのではないかと考えた。ドゥーフは記す。

イギリス船来航の原因は（最新の情報によると）イギリスの同盟国であり今や日本の敵でもあるロシア人のせいだと言ってみて、例の噂が少しでも減るかどうか様子を見るのがよいと思った。

（『長崎オランダ商館日記』参照）

ロシア皇帝アレクサンドル一世は、一八〇一年以降イギリスと同盟関係にあったが、一八〇七年にはナポレオンとの戦争に敗れてフランスと和睦しイギリスに対して宣戦布告した。したがって、イギリスとロシアの同盟は、一八〇八年の時点では正しくない。ましてや日本の領土を奪うためにイギリスとロシアが協力しているというのは、オランダの評判を落とさないようにドゥーフが考え出した嘘である。

嘘をつき通す商館長

一八〇九年二月、江戸に行っていた通詞が、商館長に問い質すべき内容を老中から極秘に指示されて帰った。それに基づき、幕府内で流れている噂について申し開きをするよう、通詞はドゥーフに迫った。その骨子は、オランダとその植民地はイギリス人に征服されており、また数年来当地にやってきたアメリカ船は全部イギリスのものであったというのは本当かということである。その背景には、フェートン号事件に起因するイギリスに対する幕府の嫌悪感があった。また、ドゥーフは、「戦争はなぜ、いつ起こったのか」、「オラニエ公は今どこにいて、なぜオランダにはいないのか」（『長崎オランダ商館日記』参照）という質問も受けた。ドゥーフは、大変困惑しながらも一日の猶予を求め、返答する内容を熟考した。そして、できるかぎり本当のことを伝えるという方針を固めた。

翌日以降、ドゥーフは通詞たちの質問に答えていろいろなことを語った。焦点となったのは、アメリカが独立国かどうかという点であった。当時日本人がもっていた地理学書ではアメリカはイギリス植民地のままであり、それまでのオランダ風説書もアメリカの独立を報じていなかったのである。通詞たちは証拠として最新の地理学書の提示を求めたが、ドゥーフの手元にはそれがなかった。アメリカ合衆国政府が発行したドル貨幣を見せて、ようやく説得に成功した。

一八〇九年の風説書には、以下のような記事が見られる。

一、フランス国王之《の》弟ロウデウヱイキ・ナアポウリユム〔ルイ・ナポレオン〕と申者《もうすもの》、阿蘭陀国え養子仕《つかまつり》、国主に相立《あいたて》申候《そうろう》、且又《かつまた》咬𠺕吧《からぱ》セネラル・アルヘルテユス・ウヱイセ儀本国《ぎほんごく》え罷越《まかりこし》、右為代《なりかわ》りヘルマン・ウイルレム・ダアントルス〔ダーンデルス〕と申者《もの》、本国より差越《さしこし》、ゼネラル役相勤《やくあいつとめ》申候、（『和蘭風説書集成』）

ナポレオンの弟ルイ（オランダ語名ローデウェイク）がオランダ王として即位し、ダーンデルスが東インド総督として着任したという内容である。ただし、ルイはオランダに養子に来たというように脚色されている。

第四次英蘭戦争とそれに続くフランス革命やナポレオン戦争の影響で、オランダ船がほとんど長崎に来ない状況が二〇年以上続いた。オランダ船が来ないため、日本商館自体がヨーロッパやアジアの情報から取り残され、何が起きているのかよくわからない状態だったのである。商館長は知っている情報をつなぎ合わせ、必要に応じて都合の良いように改変して語ったが、不十分にならざるをえなかった。

新たな脅威としての「西洋近代」

そのような慢性的情報不足の中、長崎奉行や通詞たちはロシア船やイギリス船の乗員にも世界の状況を質問した。「西洋近代」の波に接触すると同時に、幕府はオランダ風説書に対抗できる新たな情報源を手に入れた。ロシア船やイギリス船が新たな情報提供者として現れたからには、オランダ人も嘘をつき通すことは難しかった。

長崎の役人たちは、ロシア人やイギリス人の言うことを無条件に信じたわけではない。彼らから聞いた情報に基づいて、長崎奉行の名のもと通詞はドゥーフに対し国際情勢を厳しく質問した。ドゥーフは夥《おびただ》しい質問になんとか返答したが、数十年間続いたオランダによる情報提供の独占が崩れたことを思い知らされざるをえなかった。

彼は、オラニエ公が亡命中であること、アメリカ合衆国が独立したことなどについて、知っているかぎりで答えた。だが、オランダ東インド会社が解散したことについてはとうとう語らなかった。そして、イギリスとロシアが同盟しているという筋で幕府を説得しようとした。

一八一七年、実に八年ぶりに正真正銘のオランダ船が来航した。同年の風説書には次のようにある。

去る巳年中《みのとしもうしあげそうろう》上候フランス国王弟ロウデウヱイキ・ナアポウリユムと申者《もうすもの》、阿蘭陀国に養子仕《つかまつり》、国主に相立置《あいたておき》申候処《ところ》、死去仕《つかまつり》候に付《つき》、以前之《の》国主プリンス・ハンヲラーニイ［官名］血脈之者《けつみやくのもの》、阿蘭陀国王に相改《あいあらため》、国政等三拾ヶ年以前に回復仕《つかまつり》候
（『和蘭風説書集成』）

まだ生きているナポレオンの弟ルイを死んだことにして、オラニエ公が亡命先から国王として戻ってきた事実と辻褄《つじつま》を合わせている。

本章が扱った一〇〇年あまりの間に、ローマ・カトリックに対する幕府の恐れは姿を消した。そして、恐れの対象は忍び寄る「西洋近代」の影へと移行していった。とはいえ、一八一〇年代にはフランスもロシアも産業革命を達成していないし、オランダに市民革命が起きていたともいいがたい。だから、私が「西洋近代」と呼ぶものは、「産業革命と市民革命を経たヨーロッパ」ではない。それは、当時の日本人が何となく感じ取っていた新しい動きである。具体的には、なぜか以前よりも頻繁に補給や通商を求めて日本の近海にやってくる、強力に武装した西洋帆船に象徴されるものである。

一八世紀後半以降、オランダ人にとっての最大の脅威も、ポルトガル人からイギリスに完全に移っていた。イギリスは当時、インドでの優位と自国の工業生産力、強大な海軍力で他を圧倒していた。たとえばイギリスの工場で生産される更紗《サラサ》はインド産更紗を凌駕《りょうが》するようになっていた。かたやオランダはインドの拠点を失い、オランダ船が長崎に持ち渡る更紗も、イギリスから買わなければならなかったのである。オランダ本国では、イギリスは脅威を通り越して、絶対敵に回したくない相手になっていた。

ただ、ユーラシア大陸の東端にある島国日本では、少し事情が違っていた。幕府の政策により長崎に来航できる西洋船は依然としてオランダ船だけだった。しかもフェートン号事件によって日本人の対イギリス感情は悪化していた。オランダ人がイギリス人と対抗できる余地が、日本にはまだ存在していたのである。

そして、日本貿易におけるオランダ船の最大の競争相手は、一七世紀から一九世紀まで一貫して中国船だった。一九世紀の中国船は、広州で購入したイギリス産更紗を、乍浦から長崎に輸入していたのである。

第五章

別段風説書

《長崎図》 1821年 神戸市立博物館

アヘン戦争の勃発

一八三〇年代から四〇年代前半にかけて東アジア海域の情勢は大きく変化し、それに伴って風説書の歴史も新たな段階に入る。その背景を見ておこう。

一八三四年にそれまでイギリス東インド会社がイギリス政府から認められていた中国貿易の独占期限が切れ、アジア域内の貿易に携わる多様なイギリス人商人が中国貿易に参入するようになった。それに付随して、中国で唯一欧米に開かれた貿易港である広州（カントン）にはイギリスの貿易監督官が置かれることになった。中国で活動するイギリス人商人たちは、これを機に貿易枠の拡大を望み、イギリス本国で木綿などの工業製品を生産する工場主たちの支持を受けた。一八三七年、イギリスの貿易監督官の意向を受けたアメリカ船モリソン号が、日本へ近づくための口実とするべく保護していた漂流民を連れて日本沿岸に来航。しかし砲撃を受けて帰還を余儀なくされる（モリソン号事件）。

一八三八年一〇月以降、清朝政府は広州でのアヘン貿易の取り締まりを強化した。一八三九年三月には欽差大臣《きんさ》（対外関係の案件に関し臨時的に任命される高官）林則徐《りんそくじょ》が広州に着任。欧米人の商人にアヘンの提出と今後の持込禁止を命じ、広州の夷館《いかん》（商館）地区を封鎖した。外国人側がアヘンの引渡しに応じたため緊張は緩和されたかに見えたものの、同年一一月には最初の武力衝突（川鼻《せんぴ》沖の戦い）が起きた。一八四〇年二月ごろイギリス政府は遠征軍の派遣を決定、六月には本格的な戦闘が開始された。戦争は中国側の大敗に終わる。一八四二年八月に英国側全権ヘンリー・ポティンジャーと中国側代表の欽差大臣耆英《チーイン》によって南京条約が調印された。この条約で香港のイギリスへの割譲、上海や福州など五港の開港が決められた。一八四〇年代半ばのヨーロッパでは、イギリスの次なる標的は日本だとの噂が広がった。

以上にオランダの動きを重ねてみよう。一八三九年三月広州の商館地区で中国人のアヘン密売商人が処刑され、しかもヨーロッパ商人は武器を取り上げられるという噂が流れた。そのため、広州駐在領事マグダレヌス・セン＝ファン＝バーゼルは強い危機感をもち、オランダ臣民の保護のためバタフィアの東インド政庁に軍艦の派遣を要請した。しかし五月、政庁は経費がかかりすぎるとしてその要請を却下した。そしてセン＝ファン＝バーゼルは一八三九年中にバタフィアに戻った。アヘン戦争に際しオランダは目立った動きを見せないが、南京条約が締結されると貿易促進のため中国に使節を送った。

一八一五年以降オランダ王国の領土に組み込まれた南部ネーデルラントが、一八三〇年にベルギーとして独立を宣言。そのためオランダは一八三九年まで独立阻止の軍事介入を続け、それによって財政が悪化していた。ベルギーは当時すでに産業革命を達成しており、工業先進地域で人口も多かったため、ベルギー独立でオランダの税収が激減したのだ。一八四〇年代には、オランダは深刻な財政危機に陥り、植民地からの収入で辛うじて財政破綻《はたん》を免れていた。一八三〇年代ジャワに強制栽培制度が導入され、収奪が強化されていたのである。しかし、植民地も安泰ではなく、一八二四年のロンドン条約で英蘭両勢力の境界線が未確定だったボルネオ（カリマンタン）島に、一八四一年イギリスが利権を得た。

日本では、一八二四年イギリス人が常陸大津浜《ひたちおおつはま》に上陸して幕府を刺激し、翌一八二五年には異国船打ち払い令が発布された。その後、一八三七年に起きたモリソン号事件、イギリスによる小笠原諸島占領の動きなどにより、幕府内の対英緊張は高まった。しかしアヘン戦争後イギリスが日本に攻めてくるかもしれないという情報にもとづき、一八四二年幕府は薪水《しんすい》給与令《きゅうよれい》を出して異国船の取り扱い方針を緩和した。薪水給与令の内容は商館長からバタフィアを経て本国にも伝えられ、オランダ政府は国王ウィレム二世の親書を幕府に送ることを決定。一八四四年八月には親書を載せた軍艦パレンバン号が長崎に到着した。

「通常の」風説書の蘭文控

激動する東アジア情勢のなか、一八三四年以降提出済みの風説書の内容をオランダ語で記録したものが残っている。これらは、「提出した情報〔風説書〕、積荷送状《つみにおくりじょう》並びに乗船員名簿」という表題で一つに綴じられ、出島の商館に保管されていた。

日本側では一八世紀から、風説書、積荷送状、乗船員名簿は三点一緒に扱われてきた。一八三〇年代になって、オランダ側もこの三つが一まとまりだと考えるようになったのかもしれない。オランダの対日貿易は東インド会社から東インド政庁に引き継がれ、一応もとの状態に戻っていた。情報提供はオランダ商館にとって引き続き重要な仕事だった。「はしがき」で引用したメイランの書物が出版されるのは、一八三三年のことである。

一八四〇年六月二六日、風説書を江戸に送る際蘭文を添付することが、幕府から長崎奉行に命じられた。この命令の蘭訳は、「首席町年寄高嶋《たかしま》四郎太夫《しろうだゆう》様〔秋帆《しゅうはん》〕によってオランダ人に与えられた、首席老中から長崎奉行宛の通知書の翻訳」として商館に届けられた。文面は、「今後情報を提供する書面にはオランダ語を付して上奏するべきこと」。蘭文を付して送ることが命じられたのは「通常の」風説書だと読める。

この法令が出されたのは、後述の五月二六日付総督決定のたった一ヵ月後である。相互の連絡に一ヵ月近くを要したことを思えば、この法令に従って東インド政庁で別段風説書の送付が決定されたとは考えられない。したがって、この法令が、次項で取り上げる別段風説書成立の直接的原因と考えるのは無理だろう。

ただし、佐藤昌介氏の研究によれば、この命令が幕府天文方渋川六蔵《てんもんかたしぶかわろくぞう》（敬直《ひろなお》）から前年出された上申書を反映していることは疑いない。渋川の上申書のうち第一条は、「蘭人から詳細な風説書を封印の上提出させ、これを江戸において翻訳させせたらどうか」というものであった。詳細な内容を書面で提出させるという点で、渋川の上申書の趣旨は、別段風説書の成立を先取りしている。渋川の意見が非公式に東インド政庁に伝わり、別段風説書という形で実現した可能性もなきにしもあらずである。この場合は、渋川の上申書が幕府と政庁の二つの命令を誘発したということになるのだろう。

繰り返しになるが、一八四〇年の幕令が出されるまで日本側では「通常の」風説書に蘭文は不要だった。オランダ人の口述を和文にしたためるとき補助に使うだけであった。控えは、提供した情報の記録を残すためにむしろオランダ商館側の都合で作成されたと思われる。この幕令のあとは「通常の」風説書の正式な蘭文も江戸へ送られたはずだが、今のところ確証はない。

総督の決定

安岡昭男氏は、和文写本（当時の通詞による翻訳）をもとに別段風説書の概要を紹介した。氏の研究は、「通常の」風説書と別段風説書を区別して扱った点で画期的であった。しかし、両者の違いを長短でしか説明できなかった。そこでこれから、オランダ語史料を用いて両者の違いを明らかにしていこう。

一八四〇年五月二六日、オランダ領東インド総督は、対日貿易を総合的に見直すような決定を行った。その中に、次の一箇条がある。

今年の日本向けの船が出帆するまでに、カントン、シンガポールその他の土地の定期刊行物を収集させ、中国のアヘン問題が引き起こした諸事件に関する包括的で日本人に理解できるように簡潔な報告を、商館長の利用に供するために送付することを殖民局長官に命じる。送付に際しては、同商館長が別段風説書〔Apart Nieuws〕という名で日本当局にその報告を通知するよう、また、その通知は船の到着後すぐに通常の風説書の提供に伴って書面の形で行うよう、との〔殖民局長官から商館長宛の〕命令を付すことを殖民局長官に指示する。

この決定で目を引くのは、「政庁内で」海外情報を記した「書面を」作成することを命じていることである。「通常の」風説書は長崎出島で作成されるもので、バタフィアから日本に送られたわけではない。政庁の決定、決議に基づいて、バタフィアで作成された書面が日本へ送られてくることが、別段風説書が「通常の」風説書と根本的に相違する点なのである。

そして、その情報を「別段風説書」とするようにということも政庁から命令されている。ちなみに、オランダ語のApartには、「別立ての」と「特別な」の両方の意味がある。これをもって別段風説書が成立したと言ってよい。政庁が直接情報を選択することを決定したことも重要である。

この決定がなされた過程を直接示す史料はないが、東インド政庁がアヘン戦争を幕府に正確に伝達すべき事柄として認識していたことは確実である。商館長や通詞レベルでの情報操作を排するためという側面もあったであろう。殖民局は政庁内で日本貿易を担当する部局だったので、この仕事を委託されたと考えられる。

殖民局長官のもとで作成された最初の別段風説書は、一八四〇年七月にバタフィアを出帆したコルネリア・エン・ヘンリエッテ号で長崎に届けられた。

アヘン戦争情報としての初期別段風説書

オランダ側史料の中に、「中国のアヘン問題」と名づけられた一括りの文書がある。出島のオランダ商館に保存されていたものである。内容は、一八四〇年以降六年分の別段風説書の本文と南京条約及びそれに関連する諸規定の条文である。南京条約はもともと講和条約であって、五港《ごこう》通商章程《しょうてい》、通過税に関する宣言、税率表、虎門寨《こもんさい》追加条約と組み合わせないと通商条約としては十分に機能しない。そのため、具体的な貿易の条件を知るには、南京条約だけでなく諸規定も併せて理解しておく必要があった。

まず、別段風説書本文について、従来知られている和文写本（提出当時の翻訳）と比較してみたい。一八四〇年分の和文写本のタイトルは、「和蘭暦数《おらんだれきすう》千八百三十八年〔割注略〕より四十年迄《まで》唐国《とうごく》に於てエゲレス人等の阿片《あへん》商法を停止《ちょうじ》せん為《ため》に起《おこ》りたる著《いちじる》しき記事を爰《ここ》に記す」となっている。オランダ語の表題「一八三八年から一八四〇年に至る中国におけるイギリス人のアヘン貿易禁止に関わる主要な出来事の報告」の直訳である。両者は内容もほぼ一致している。

一八四一年に日本に向かったミッデルブルフ号は、遭難してマカオに着き、日本渡航をあきらめざるをえなかった。そのため、一八四一年に送られるはずだった別段風説書は、一八四二年送付分と併せて翌年受け取られた。例年一隻の取り決めのところミッデルブルフ号不着の埋め合わせとして、一八四二年には二隻が日本に来航した。商館長はその理由を、将軍にとくに清英関係に関する海外情報を、より確実に伝えるためである、情報提供はこの国にとって今もっとも重要だと考えられているはずだから、と説明している。

難航する翻訳

政庁が準備した別段風説書のオランダ語の翻訳は困難を極めた。一八四二年送付分の和文別段風説書の末尾には、次のような通詞の文章が付されている。

別段風説書和解《わげ》差上方之《さしあげかたの》儀《ぎ》、追々御《おいおいご》催促ニ相成《あいなり》、日夜出精仕候得共《しゅっせいつかまつりそうらえども》、右はエケレス人の日記を其儘《そのまま》阿蘭陀《おらんだ》語ニ書取候《かきとりそうろう》書面ニ御座候得《そうらえ》は、通例の和解物《わげもの》とは違ひ、其上御《そのうえご》内密奉申上《ないみつもうしあげたてまつり》候儀《ぎ》ニ候間、小人数ニて不洩様《もれざるよう》、精々申談《せいぜいもうしだんじ》候儀ニ付《つい》ては、何分捗取兼《なにぶんはかどりかね》、漸半《ようやくなか》は出来仕《つかまつり》候間、先《まず》此分相納申《あいおさめもうし》候、相残《あいのこり》候分は、当十七日御宿次《しゅくつぎ》差出之《の》節、御間《ま》ニ合《あい》候様《よう》出精可仕《つかまつるべく》候、此段書付《かきつけ》を以《もって》奉申上《もうしあげたてまつり》候、已上《いじょう》

〔天保一三年〕寅七月　　目付・大小通詞　　印　（「阿片招禍録」）

日夜精魂を傾けてもいっこうに翻訳がはかどらないと困惑を打ち明けている。また、イギリス人の新聞をオランダ語に翻訳したものなので、和訳の勝手が違うとも言っている。日本人とのやりとりの上で書かれたものではないため、わからないところは聞き返したり言い方を変えてもらったりという方法がとれず難儀だったと思われる。本格的な欧文、そして見慣れぬ用語が通詞たちの前に立ちはだかった。しかも、この翻訳は「内密」とされたため限ら

れたメンバーで作業せざるをえず、他人に相談することができなかった。この年別段風説書の翻訳に携わったのは、西喜津太夫《にしきづだゆう》、本木昌左衛門《もときしょうざえもん》、中山作三郎、岩瀬弥十郎以下合計一四名であった。「小人数」というのはいかがなものかと思われるほどの数だが、別段風説書は二年分あり、翻訳を短期間に終わらせることは困難だった。そのため、翻訳が終わった半分程をまず江戸へ送り、残りは次の飛脚便で送るとしている。オランダ語原文の拙訳と通詞たちによる当時の翻訳を並べてのちほど紹介するが、彼らの苦労が並大抵のものでなかったことがおわかりいただけると思う。

これら二通の別段風説書の日本での受け止められ方について、商館長エデュアルド・フランディソンは一八四二年一一月二〇日付でオランダ領東インド総督ピエール・メルクスに報告書を送っている。

船が着いてすぐに一八四一年分と四二年分の別段風説書を長崎奉行に渡したところ、それらは待ちかねたように特別便で江戸の幕府に送られました。

中国のアヘン問題が引き起こしたことについて、通詞や長崎奉行所からたびたび尋ねられました。聞き方が婉曲《えんきょく》なので、それらの質問が、近づきつつある危険への恐れから来るのか、ただの好奇心からなのかは判断できません。日本人はたいてい、もっとも強い感情ですら隠しておく術《すべ》に長《た》けていますから。しかし、いかなる方法でイギリスはこんなに短期間に中国軍から奪った大砲を使用不能にしたのかと質問されたり、長崎町年寄四郎太夫〔高嶋秋帆《たかしましゅうはん》〕がいちいち許可を得ずに毎年将軍の名で我々に各種の大砲や武器を注文してもよいと幕府から命じられたと知らされたりしたので、私は好奇心ではなく恐れであろうと思います。

江戸の幕府から奉行所に届いた命令書〔薪水給与令〕の蘭訳を去る九月一七日に受け取ったとき、私はこの意見を強くしました。この文書からは、日本の沿岸に現れる列強の船舶に日本側が無礼な扱いだけで応ずるとすれば、ヨーロッパ列強との衝突が起こるかもしれないという幕府の恐怖が明らかに読み取れます。その場合、勇敢だが経験を欠く日本人は経験を積んだヨーロッパの軍事技術の威力におそらく太刀打ちできないだろうとの確信を、幕府は別段風説書から得たのかもしれません。

ついでながら、一八四〇年以降バタフィアから送付された蘭文の別段風説書は、毎年長崎で作成した和訳を付して江戸へ送られたはずである。しかし、幕府に提出された「正本」は蘭文、和文ともに伝存が確認できない。一八五九年の江戸城の火事で焼失した可能性が高い。そのため、我々が通詞による翻訳を知りたいときは、写本に頼っているのが現状である。

蘭文と和文の比較

以下、「籌辺新編《ちゅうへんしんぺん》」に収録された一八四五年を例に出来上がった和文別段風説書を見てみたい。「籌辺新編」はアヘン戦争以降の対外関係史料を集めた和本の叢書で、佐賀藩鍋島《なべしま》家で作成されたと思われる。

その一八四五年の別段風説書本文は、新旧商館長ピーテル・ビックとヨセフ・レフィスゾーンの連名の後に、「横文字書付」を和訳したことを証する本木昌左衛門以下通詞一一名の連印が付されたものである。したがって、これも長崎通詞による公的な翻訳の写しであることがわかる。正本は長崎奉行から、和訳ができ次第江戸へ送付されたと考えられる。

以下、一八四五年の別段風説書の一つの箇条について、蘭文テキストの拙訳と当時の通詞による翻訳を並べて紹介しよう。

《蘭文和訳》（オランダ語に付記された英語は、括弧《かっこ》内に残した）

中国皇帝の領土内に配属された英国女王陛下の領事たちには、彼らが赴任する港の境界内に限り、香港《ホンコン》においてと同様〔治外法権的〕に、罰金二〇〇ドル以下及び二カ月以下の禁固に相当するすべての犯罪と違反に対して〔領事〕裁判権が認められた。

もし、名誉毀損《きそん》、殺人やその他の対人犯罪に起因しない民事的な告発ならば、領事は量刑五〇〇ドルまで判決を下すことができる。それだけでなく、彼らは遺言を検認する（to grant probates）権限と遺産管理状を検認する権限ももつ。さらに〔量刑が〕重い事件は、香港の高等裁判所（Court of Judicature）に委《ゆだ》ねなくてはならない。領事には証言を聞き、その証言を香港に送致することだけが許されている。

もう一つの政令は香港の不動産所有権に関わるあらゆる取引、遺産処分、判決、名義書き換えの登記についての規則のためのものである。

《和文》（〔 〕は割注）

一、唐国在住エゲレスのコンシュル〔役名〕其《その》在住の湊毎《みなとごと》ニ罪料《ざいりょう》の者弐《に》百ドルラルスの過料《かりょう》を不過《すぎず》、或《あるい》ハ二ヶ月入牢《にゅうろう》申付《もうしつけ》候《そうろう》位《くらい》之儀は、ホンコン〔地名〕の湊同様自分ニ取計《とりはからう》へく旨《むね》、命《めいじ》られ候

一、都《すべ》て町家ハ制方致《せいしかたいた》し難《がた》く殺害其外無《そのほかむ》道《どう》の愁訴有之節《しゅうそこれあるせつ》ハ五百ドルラルス〔一ドルラルス、前ニ同《おなじ》〕差出《さしだし》候様《よう》、コンシュル〔役名〕のもの取計可申《とりはからいもうすべく》、尚《なお》フヒリフヒカチーン〔競見《きそいみ》るといふ義《ぎ》〕並《ならびに》アドミニスタラチー〔支配するといふ義〕の書面をも取扱《とりあつか》ひ、且又《かつまた》大切の事柄ハ一通り取調《とりしらべ》、ホンコン〔地名〕の裁判所ニて、巨細《こさい》ハ糾《ただ》し方可致《いたすべき》旨被命《めいぜられ》

候
一、別段の達《たっし》ニてホンコンの地エゲレスに属し候儀、或ハ刑罪《けいざい》の事まて書付を以《もってき》極め置《おき》候

この年の別段風説書の内容は、虎門寨追加条約に規定された領事裁判権を実際にどう運用するかなど、植民地香港の建設に関わる実務の詳細に及んでいる。長崎のオランダ通詞はもちろん、オランダ文を書いたバタフィアの政庁職員にすら難しい内容であったにちがいない。ちなみに、中国におけるイギリスの領事裁判制は原則として現地二審制であった。各条約港の領事裁判が一審、香港の高等裁判所が二審である。それでも解決できない事件は、イギリス本国での三審に委ねられた。

この別段風説書は、英語新聞の情報をオランダ語に訳出したものである。この蘭文テキストに、「to grant probates」（遺言を検認する）、「Court of Judicature」（高等裁判所）など、英語の原語を付記した部分が見られるのは、英語からオランダ語への翻訳に自信がないからであろう（日本人は英語が読めなかったから無意味なのだが）。清英関係の重点が、戦争から戦後処理へと移行したため、一八四五年の別段風説書は幕府の関心とはかけ離れた内容となってしまった。

このように難しくてつまらない別段風説書を翻訳した通詞たちの苦労は察するにあまりある。結果、蘭文を辛うじて和文に直したという程度の翻訳しかできなかった。「領事」という日本語がまだないので、「コンシュル」とそのままカタカナで書き「役名」という割注を付けている「ホンコン」に「香港」という漢字が充てられることもまだ知らない。英語の「administration」（管理）に相当する「administratie」も「アドミニスタラチー」と片仮名のままである。もっとも割注の「支配する」は、江戸時代「管理する」という意味をもっていたので、悪くはないのだが。「民事」、「遺言の検認」、「不動産所有権」などは、理解された痕跡《こんせき》がまったくない。一方、「高等裁判所」を「裁判所」とするなど、現在の日本語に近い訳語が使われている場合もある。「罰金」を「過料」、「禁固」を「入牢」としているのも、適確な訳といえよう。

通詞による翻訳の特徴

一八四五年の別段風説書は、前年の出来事を扱っている。すなわち、新しい植民地の制度を固めるためにイギリスの香港政庁が相次いで出した政令、各開港地で起きた密輸や殺人、香港総督の交代と新総督の動静、そして開港地における貿易の様子などである。全体として、日本側の興味と合致していないだけでなく、それまで貿易関係の翻訳をもっぱらとしていた長崎の通詞の手に余る内容だった。

当時は、「西洋近代」の制度や事物を表す語彙《ごい》がまだなかった（訳語が作られ、定着するのはいつかというのは興味ある問題だが、本書の射程を超える）。また、「法廷」、「議会」、「政府」、植民省の「省」などの語を、区別できずに全部「役所」、「奉行所」と訳している。「条約」は「誓約」と訳されている。いくつかの語はカタカナのままで、ときには割注が付してある。「演説」には、「諭事《さとすこと》」、「奴隷制」には、「召遣《めしつか》ひの如く押付《おしつけ》遣《つか》わるゝ事」、「植民地」には、「人を外国の島ニ遣《つかわ》シ倍養《ばいよう》シ属国とする所をいふ」の割注がある。

とはいえ、通詞の訳語がすべて稚拙だとか、誤りだとかいうのは妥当でなかろう。当時の日本で法廷や議会の機能を有していたのは、たしかに「役所」や「奉行所」だった。「町奉行所」、「勘定奉行所」の「奉行所」は「省」にあたると言えばそうとも言える。香港で行われていた隷属的な労働は、「奴隷制」というよりは「召遣ひの如く押付遣わるゝ事」に近かったのかもしれない。この別段風説書を提出された江戸の幕府にとっては、むしろわかりやすい翻訳だったとも言えるだろう。

オランダ植民省のことを、「コローニー［エケレス国より人を差遣し植付る島をいふ］の役所」と書いているのも面白い。翌年には「属国」と訳す植民地を、まだ「人を差遣し植付る島」と直訳している。しかも、オランダの植民省についての注でありながら、イギリス人が植民している土地だとの説明がなされている。「コローニー」といえばイギリスの「コローニー」しか知らないという日本側の認識不足だけでなく、オランダも植民地をもっているのかという疑問を日本人にもたせたくないというオランダ人側の意図さえ感じられる。ちなみに、オランダ語にはvolksplanting（フォルクスプランティング＝人を植えること）という単語があり、「植民」を表わす。日本語の「植民」という単語は、volksplantingの直訳語として生まれたとされている。

東アジアの英語新聞

次に、一八四五年の別段風説書の情報源を探ってみよう。

前に見たように、一八四〇年五月の東インド総督決定には、「カントン、シンガポールその他の土地の定期刊行物を収集させ」、それをもとに別段風説書を作成させる、とある。ここから少なくとも一八四〇年当初の別段風説書の情報源は、広州（カントン）やシンガポール発行の新聞であることがわかる。そこで、一八四〇年代に、中国沿岸を中心とする東アジア地域（フィリピンを除く）で刊行された欧米系の新聞（週刊、週二回刊または月刊）を概観してみよう。なお、広州とシンガポールで刊行されていた新聞はすべて英語である。

広州発行の英語新聞は、清朝政府からの圧迫で広州夷館の安全が危ぶまれたため、一八三九年にマカオに事務局を移しそこで印刷されていた。ただし、名称には「カントン」(広州)の文字を残していた。それらの諸新聞は、南京条約を受けてイギリス領香港ができると、一八四三―四四年に香港に移転した。そして、植民地の建設が進む香港では、その一環として一八四一年五月に政庁官報の第一号が刊行された。しかし、香港政庁は自力で官報を出版するという方針を一八四二年に早くも転換し、同年発刊されたばかりの『フレンド・オブ・チャイナ』に官報の刊行を委託する契約を結んだ。契約は、一八四四年四月、『ホンコン・レジスタ』に委譲された。

一八四五年の別段風説書は、中国沿岸における英語の言論世界が広州(一時的にマカオに避難したが)から香港へ移転した、まさにその端境期の新聞を典拠としていたのである。シンガポールでは、一八三五年創刊の『シンガポール・フリー・プレス』が、唯一の英語新聞であった。

実際に典拠とされたのは、『フレンド・オブ・チャイナ』、『カントン・プレス』、『ホンコン・レジスタ』、『チャイニーズ・レポジトリー』、『シンガポール・フリー・プレス』である。特定の新聞に依存することなく、全体に目を通した上で作成されたと考えられる。ただ、『シンガポール・フリー・プレス』が一番多く使われている。同紙は中国で刊行された新聞ではないため、中国関係の記事が相対的に短く簡潔で、全貌を知るために便利だったからだろう。

記事の配列は、かならずしも記事が新聞に掲載された順番通りではない。全体としてみれば古い出来事から新しい出来事へと筆を進めているが、すべてが日付順というわけではない。「日本人に理解できるように」、話の脈絡をつける努力をしたと思われる。

ただ、記事の選び方についていうと、この蘭文を作成した政庁の役人は、ただただ総督の決定に従うことだけを考えたようだ。英語新聞の中から清英関係と言える記事を機械的に抜き出し、つなぎ合わせたという印象を受ける。同時代的に生起しつつあるさまざまな出来事のうち、何が重要なのかを判断し選び出すことは、政庁の役人にとっても至難だったろう。結果的に焦点のぼけたものになっている。欧米諸国の脅威の実態を知りたかった幕府にとって、香港における裁判所の陪審制度やイギリス人登録の詳細はどうでもよかったはずだ。この年の出来事としては、むしろ清朝とアメリカ、フランス両国との間で行われた外交交渉やその結果結ばれた二つの条約、あるいはイギリス軍に占領されたままであった舟山《しゅうざん》列島（上海の沖合いにある）の中国への返還問題のほうが関心を引いたと考えられる。しかし、バタフィアにいた作成者は幕府の興味のありどころを関知していなかったに違いない。アヘン戦争に限定した別段風説書をこれ以上続ける意味がないことは、この年の別段風説書がつまらなかったことで明らかになったと言えるだろう。

アヘン戦争から世界の情報へ

一八四五年を最後に、アヘン戦争に特化した別段風説書の作成は終わりを告げた。そして、一八四六年には次のような新しい決議がなされた。

殖民局長官からの一八四六年二月一八日付書翰及び同四月一六日付書翰に基づき、東インド評議会は、日本商館長に最新の重要な出来事についての短い報告を書き送ること、そして一八四〇年五月二六日付決定第一号の第四条に準拠し、別段風説書という名で日本政府に提出するよう日本商館長に命じることを決議した。

オランダ領東インド政庁は別段風説書の送付に一定の成果を見出し、内容を変更した上で継続を決めたと言えるだろう。これ以降別段風説書の内容は世界各国の一般的な時事情報に変わる。中国の情勢が安定したので、変更されたわけである。

この決議に従って、一八四六年の別段風説書の本文と、その付属書類として清仏黄埔《こうほ》条約と清米望厦《ぼうさ》条約の要旨が日本商館に送られた。この二つの条約は、南京条約締結をうけてフランスとアメリカが中国に使節を送り交渉した結果、一八四四年に締結されたものである。

一八四六年以降の別段風説書は、かならず最初にオランダ本国の情報、次いでオランダ領東インド、続いて中国、ヨーロッパ、アメリカ大陸などの情報、最後に東シナ海域に展開する欧米諸国の海軍の構成を伝える。一八五四年からは、国別の小見出しが付く。ただし、このように国別の小見出しを付けて世界各地からの情報を報道するのは、別段風説書独自のものではない。当時、各地で刊行されていた欧米系の新聞に共通に見られる形式でもあった。

一方、一八四八年以降「通常の」風説書はほぼ日本往来の船に関連する情報のみとなる。別段風説書の内容が「通常の」風説書と重なるようになったので、日本商館はもはや自分たちが苦労して「通常の」風説書を準備する必要はないと判断したのである。幕府もそれに異存はなかった。

第六章

風説書の終焉

最後のオランダ商館長ドンケル＝クルチウス　19世紀　長崎歴史文化博物館

日本の開港

アメリカ合衆国は、一八四六―一八四八年のメキシコとの戦争（米墨戦争）に勝利した後、強硬な対日計画に向かっていく。そして、一八五三年ペリーが日本へ派遣され、一八五四年三月に日米和親条約を締結した。この結果、下田と箱館が開港された。

一方、一八五四年にイギリス、フランス、オスマン帝国連合軍とロシアとの間でクリミア戦争が勃発。イギリスの提督ジェイムズ・スターリングは、敵のロシア艦隊を追跡して長崎に来航、一八五四年一〇月長崎と箱館の開港を約する日英和親条約の締結に至った。追われる側のロシアも、エフフェミイ・プチャーチンが下田に来航し、一八五五年二月日露和親条約の調印に成功した。

一八五二年から最後のオランダ商館長を務めたヤン・ドンケル＝クルチウスは、一八五五年七月に全権領事官の辞令を受け取り、外交官としての役割を果たすようになる。そして、アメリカやロシアと同様の条約を結ぶよう幕府に要求、一八五六年日蘭和親条約が締結された。

この段階でこれらの国々は、通商すなわち欧米商品の販売先としての日本の開放よりも、中国への航路のための補給地の確保を重視していた。条約の内容もそのようになっている。

ところが、一八五一年から一八六四年まで太平天国《たいへいてんごく》の乱が中国全土を席捲《せっけん》し、一八五六年一〇月のアロー号事件に端を発した第二次アヘン戦争（アロー戦争）が一八六〇年まで続いた。戦乱により中国での貿易が難しくなったため、日本との通商及び開港へ向けての圧力が強まった。第二次アヘン戦争での中国敗北の報を受けて恐怖を強めた幕府は、一八五八年に、米、蘭、露、英、仏との修好通商条約を相次いで締結した（安政の五箇国条約）のである。

ペリー来航予告情報

一八年間日本に送られ続けた別段風説書の中で一番有名な記事が、一八五二年送付分の末尾にある。

北米合衆国政府が日本との貿易関係を結ぶために同国へ派遣するつもりの遠征隊について、またもや噂が流布している。合衆国大統領の日本宛ての書翰一通を携え、日本人漂流民数人を連れた使節が日本へ派遣されるとのことだ。その使節は、合衆国市民の貿易のため日本の港をいくつか開かせようとしており、また、日本の手頃な一港に石炭を貯蔵できるよう許可を求めるらしい。後者の港は、アメリカがカリフォルニアと中国との間を結ぼうと計画している蒸気船の航路のために必要とされている。現在中国海域には、アメリカの蒸気フリゲート艦サスケハナ号とコルヴェット艦のサラトガ号、プリマス号、セント・メアリ号及びヴァンダリア号がいる。これらの艦船が、使節を江戸へ送るよう命ぜられているらしい。最近受け取った報告によれば、遠征軍司令官オーリック准将は、ペリー准将と交替するとの由。またすでに中国海域に在るアメリカ海軍は、蒸気艦ミシシッピ号、プリンストン号、ブリック艦ペリー号及び運送船サプライ号で増強されるそうである。新聞によれば、上陸用ならびに包囲戦用の資材も積込まれた。しかしこれらの艦船の出発は、かなり遅れるだろうと報道されている。

（金井圓「嘉永《かえい》五（一八五二）年の和蘭《おらんだ》別段風説書について」参照）

オランダは、アメリカが日本との条約を結ぶ前に先んじて条約を締結しようとしていた。そのため、この別段風説書に添えて、総督の書翰と日蘭条約草案の抜粋を送っている。それを携えて赴任したドンケル＝クルチウスは、オランダ領東インドの高等法院司法官からあえて降格人事で日本商館長に任命された。オランダ全権としてすぐにも条約を結べるだけの経験と知識をもっていたからである。それだけでなく、東インド政庁はアメリカ艦隊の来航情報の重要性を強調するべく、右の引用部分に赤丸で印をつけたり、提出の際に極秘だとしてもったいぶるよう指示したり、いろいろと工夫した。

長崎奉行もことの重大性を理解し、「別段風説書の付属文書」という扱いで総督書翰を受け取り、江戸へ送付した。オランダ王ウィレム二世の親書に対する一八四五年の返書において、幕府は今後オランダからの公式書翰は一切受け取らないと明言した。したがって、建前上はこの総督書翰も受け取れなかったのだが、返事のいらない別段風説書の一部としてなら、ということで、長崎奉行の権限で受領したのである。受け取った老中阿部正弘《あべまさひろ》は、早速対策を考えはじめることになる。

この記事は、当時から別段風説書の記事のなかでも突出して注目を集めた。一八五二年の別段風説書の和訳のうち、この部分だけを収録した写本なども多数伝存している。研究面でも「ペリー来航予告情報」として有名で、日本国内での伝播について岩下哲典氏をはじめ多数の論者が言及している。しかしここでは、それが一八通に及ぶ別段風説書の数百に上る(千に近い)記事のなかで、日本に直接関わる数少ない記事の一つだったという指摘だけにとどめたい。

その他の日本関連情報

このほかに、日本に直結した記事は、一八四六年、四七年、五一年、五三年の別段風説書に出てくる。ここではオランダ語版をもとにそのうちいくつかをご紹介しよう。

《一八四六年送付分別段風説書》

フランス政府は、琉球諸島におけるフランス人のキリスト教宣教師の定住を認可したことを否定した。

カントンからの情報によれば、司令官ビッドル指揮下のアメリカのフリゲート艦コロンブス号は、アメリカ市民に与えた虐待に対して賠償を要求するために、日本に赴くことになった。

フランスの提督セシーユが、何隻かの軍艦とともに日本へ遠征を企てるだろうとも噂されている。

一八四六年四月九日付のカントンからの情報によれば、フランスのフリゲート艦サビーヌ号は、その沿岸で難破したと言われるフランス捕鯨船の乗組員の捜索のために、カントンから日本へ航行することになった。

（矢森小映子「一八四六（弘化三）年の別段風説書蘭文テキスト」参照）

一八四四年にパリ外国伝道会のテオドール・オギュスタン・フォルカドは琉球に赴き、同地に約二年間滞在した。

ジェイムズ・ビッドル率いるアメリカ合衆国東インド艦隊は、清米望厦条約の批准書交換のため、一八四五年六月上旬ニューヨークを出航した。同年一二月ビッドルはマカオに到着。直ちに広州に赴いて欽差大臣耆英と会見し、批准書交換の任務を完了した。ビッドルはその後、海軍長官の訓令に基づき、軍艦コロンブス号及びビンセンス号を率いて一八四六年七月二〇日浦賀に来航し通商を要求した。一〇日間の碇泊《ていはく》中に浦賀奉行と通商条約の締結その他の交渉をしたが、拒絶され退去した。

一八四六年六月六日、フランスのインドシナ艦隊提督ジャン・セシーユが、軍艦クレオパトル号、ヴィクトリューズ号を率いて琉球に来航し、通商を要求した。その一カ月ほど前に、フランス軍艦サビーヌ号が那覇に来航し、近日フランスの提督が艦隊を率い通商を求めに来るということを予告していた。

《一八五一年送付分別段風説書》

ホノルル（ハワイ諸島）からの知らせによれば、一八五〇年四月二二日クラーク船長のヘンリー・ニーランド号によって一三人を乗せた日本船が北緯四五度東経一五五度で発見された。

その日本船は江戸から紀伊《きい》へ向かう予定だったが沖へ流され、風波で帆檣《ほばしら》と舵《かじ》を失って、六六日間漂流した。四〇日前から水もなく雪で生きており、魚の屑《くず》以外の食料は持っていなかった。クラーク船長は、その日本船の乗組員を彼の船に乗せてやった。日本船の船長と二名は同船でホノルルに到着した。残りの乗員のうち二名はマレンゴ号に移り、六名はペトロワロウスキー〔カムチャツカ半島のペトロパブロフスク・カムチャツキーか〕に運ばれ、ロシア当局に引き渡された。他の二名はニムロッド号でホノルルへ到着した。

(松方冬子、矢森小映子共訳)

一八五〇年一月、紀伊国の廻船天寿丸が江戸からの帰路に漂流し、約三カ月後、千島列島付近の海上で、アメリカの捕鯨船ヘンリー・ニーランド号に救助された。のち、長助ら八名はアメリカの捕鯨船マレンゴ号に移乗し、ペトロパブロフスク・カムチャツキーを経てアラスカのシトカ〔アラスカは一八六七年までロシア領〕に送られ、ロシア商船メンシコフ号で伊豆下田に到着した。ニーランド号に残った虎吉ら五名のうち三名は、アメリカ捕鯨船ニムロッド号に移乗して別離するが、ハワイ諸島のオアフ島で虎吉らと合流し、香港、上海を経由して乍浦に送られ、同地から中国船で長崎に帰還した。

《一八五三年送付分別段風説書》

一八五三年五月二四日付の新聞『チャイナ・メイル』本国版によれば、日本へ向から予定のアメリカ軍艦のうち、数隻は中国の南方にいたが、五月八日に通信船カプリース号が香港から、同一一日にサラトガ号がマカオから去ったので、現在輸送船サプライ号だけがマカオにいる。その艦隊は、日本に赴く前に琉球で合流するだろうとの噂である。

前回の報告〔一八五二年別段風説書〕では、日本と貿易関係を結ぼうとする北アメリカ合衆国政府の計画について言及した。ニューヨークの主要な日刊新聞の一つ『ヘラルド』の一八五二年九月二八日付の記事から、その件に関して以下のことがわかる。

ワシントンでは、日本遠征計画の準備が熱心に続けられているという。遠征隊は以下の船舶により編成される予定である。ロング大佐率いる蒸気船ミシシッピ号は、ニューヨークを一一月一日から一〇日の間に出航するだろう。ペリー海軍少将率いるプリンストン号はミシシッピ号に同行することになっているが、現在ボルティモアにおいてボイラーを交換するために碇泊している。そしてアレゲーニー号はカスポートにて修理され、一一月に出航するだろう。これらの船の出航に必要な準備はできるだけ迅速に執り行われる。海軍少将ペリーの指揮のもと、遠征隊は一一月一日に日本海域に向け、その海域をすでに巡航している艦隊に合流するために出発するだろう。アメリカ側の希望では、それは友好的な性格の派遣となるはずである。

日本海域へ向けてロシアの遠征が準備されている。それは、プチャーチン海軍中将の指揮のもとフリゲート艦パルラダ号、輸送船一隻、蒸気船一隻から編成されることになっている。この遠征の目的は、アメリカ艦隊を偵察することだと言われている。

　現在チレボン（現インドネシア、ジャワ島北岸の都市）在住のオランダ人民間医師J・K・ファン＝デン＝ブルック氏が、本人の要望に基づき東インド総督閣下により出島オランダ商館の医師兼薬剤師に任命されることになった。


　アメリカの日本への働きかけの様子が、『チャイナ・メイル』、『ヘラルド』など英米の新聞に基づいて報じられている。最後の記事はオランダ独自の情報で、長崎商館付の医師の赴任についてである。

　以上の記事では、琉球におけるフランス人宣教師の活動や日本人漂流民なども話題になっている。これらは、「ペリー来航予告情報」ほどでなくとも幕府の興味を引いた。各国が日本に興味をもっていること、日本へ近づく努力をしていること、その努力の経過や結果を各国同士で情報交換していることなどがわかるからである。こうして別段風説書以外にも、幕府は欧米の新聞に日本関係の記事がないか、あるいは日本について書かれた書物がないか、長崎のオランダ人から知ろうとするようになるのである。

バタフィアから送られた最後の別段風説書

一八五七年七月、例年通り政庁は日本向けの別段風説書の調製と送付を決議した。そしてこれが、バタフィアから日本に送付された最後の別段風説書となった。これから、内容が一般化してからの別段風説書の紹介を兼ねて、一八五七年送付分から注目される部分を抜き出して解説しよう。

この年の別段風説書は、例年のように次のような一節で始まる。

　一八五七年七月一日までの一年間、オランダ王国は国内的にも平穏を享受し、他の国々とも平和で友好的な関係にあった。貿易、航海及び産業は非常に発展した。

この後、王室関係を中心にオランダ本国に関する記事が続く。それからオランダ領東インドに関する記事。東インド政庁の人事や現地王侯（オランダは彼らを温存し利用しつつ、植民地支配を強めた）の死亡、さらにコレラなど疫病の流行や地震などが報じられている。

イギリス領インドについては、とくに多弁である。当時のインドはほとんどがイギリスの植民地となっていたが、藩王国と呼ばれるいくつかの現地の王権は残っていた。藩王国の一つであるアウド国は、イギリス東インド会社が雇用するインド人傭兵《ようへい》（セポイまたはシパーヒーと呼ばれる）の出身地として有名だったが、政治の腐敗を理由にイギリスの直轄領に併合された。さらに、第二次アヘン戦争のためインド人傭兵が国を離れて遠い中国へ派遣されることになり、インド人傭兵の不満が強まった。これらの原因で勃発したのがインド大反乱（セポイの反乱）である。

アウド国は、その年の初めにイギリスに併合された。それは人民の抵抗なしに行われた。藩王国であるニザーム国はまだイギリス領に編入されていない。

カルカッタ〔現コルカタ〕から、ベンガルとマドラス〔現チェンナイ〕のヨーロッパ人二個連隊とセイロン〔現スリランカ〕人のライフル銃隊の分遣隊が、中国の戦場に送られるだろうとの知らせがあった。最新の新聞類によれば、ベンガルで藩王国の軍隊二〇個連隊が反乱に及んだ。パンジャブ、アウド及び北西部諸州は平穏である。ベンガルとボンベイ〔現ムンバイ〕の軍隊は忠誠を続けている。それらの地方は静穏である。

デリーの町は、反乱者が集まっており、不満の中心地である。反乱者たちは去る五月三〇日と三一日、二回にわたって打撃を蒙り、さらに六月八日にヨーロッパ人部隊によってデリーの中に追い詰められた。デリーの町はヨーロッパ人部隊によって包囲されており、反乱の速やかな鎮圧が予想される。

反乱軍は、インドに君臨したムガル帝国最後の皇帝バハードゥル・シャー二世を担ぎ上げ、皇帝のいる首都デリーを中心に展開した。この別段風説書が送られた後の一八五七年九月イギリス軍はデリーを攻略して皇帝を捕らえ、イギリス領ビルマ（現ミャンマー）に流罪にした。一六世紀から続いたムガル帝国が名実ともに消滅したのである。

イギリス領オーストラリアでは、ゴールド・ラッシュの記事が眼を引く。

金の採掘量は依然として豊かである。公式の報告書によれば、ヴィクトリア植民地〔メルボルン周辺〕からの金輸出は、一八五五年の間に二六七万四六七七オンスに上り、貨幣価値にして一〇六九万八七〇八ポンドに上る。この植民地の一八五五年の金生産は、一八五四年よりも三五％多い。タスマニア島では銀鉱と銅鉱が、ニュー・サウス・ウェールズ植民地〔シドニー周辺〕では新しい金鉱が、発見された。

ゴールド・ラッシュといえば、一八四〇年代末のカリフォルニアが有名であるが、一八五〇年代には主たる舞台をオーストラリアに移し、ますます盛んになった。金属、石炭など地下資源の有無が国力を大きく左右するようになり、土地の領有に新しい意味が発生する。中国では、一八五一―一八六四年に全土を席捲した太平天国の乱に関する情報が中心である。具体的な地名を出しながら、かなり詳しく報じている。

中国の北方と西方では、反乱軍が引き続き騒動を起こした。江西《こうせい》省の主要な都市は彼らの手に落ち、また彼らは安徽《あんき》地方にもふたたび姿を現した。揚子《ようす》江《こう》〔長江〕の南の土地も、反乱軍によって脅かされた。相当残虐な戦闘が起きたが、清の皇帝の軍隊が劣勢だった。謀反人たちの首領太平王《たいへいおう》〔洪秀全《こうしゅうぜん》〕は、最近三万人の援軍を得た。去る四月の新聞によれば、それによって彼は広信府《こうしんふ》〔現上饒《じょうじょう》〕と福建《ふっけん》の北西部とその周辺で略奪を行った。蘇州《そしゅう》の近くでは、皇帝軍が公然と反乱を起こした。

ヨーロッパでは、クリミア戦争の講和条約の批准書交換が最大のニュースである。

一八五六年三月三〇日、パリにおいて、フランス、イギリス、サルデーニャ〔現在のフランスとイタリアにまたがる国境地域とサルデーニャ島を支配した国〕及びトルコ〔オスマン帝国〕と、ロシアとの間で講和友好条約が調印されたことは、すでに昨年の別段風説書で伝えてある。その後四月二七日にパリで、講和条約の批准書が交換された。この条約に際してロシア皇帝は、トルコのスルタン〔オスマン帝国皇帝アブデュルメジト一世〕にロシア軍が占領していたオスマン帝国領のすべての地方を返還することを約束した。

エジプトでは、スエズ運河の話題が注目される。フランスの外交官フェルディナン・レセップスが、クリミア戦争にオスマン・トルコ側で参戦し混乱していたエジプトからスエズ運河の開削権を取得した。

ヨーロッパ―アジア間貿易の活性化のために、スエズ地峡を通る運河によって地中海と紅海を結びつけるという計画が立案された。実現すれば、イギリスからの船舶は五〇日で中国に到達できるだろう。

アメリカ合衆国では、後に南北戦争の火種となる奴隷解放問題が話題になっている。ジェイムズ・ブキャナン氏が北米合衆国の大統領に選出された。彼は奴隷制の維持に賛成する人々の政党に属している。彼の有力な競争相手は、奴隷制廃止の支持者ジョン・

フレモント大佐であった。

そして最後に「中国海域及び東インド海域におけるヨーロッパの海軍力」として国別に艦船名、船長名、砲門の数などを列挙するのが、一八五〇年代の別段風説書の通例である。

以上のように、話題となっている地域は五大陸のすべてに及び、政治、経済、科学技術などあらゆる分野の事柄が取り上げられている。しかし、一八五七年の別段風説書には直接日本に関係する内容はない。それでも幕府は別段風説書の中止を望まなかった。

「通常の」風説書の終焉

一八五五年七月二三日、ドンケル＝クルチウスは、イギリスとフランスの軍艦が長崎に来るだろうとの情報を長崎奉行に知らせた。この情報は、蒸気軍艦ヘデー号艦長のヘルハルドゥス・ファビウスがバタフィアからの航海の途上香港で聞いたものであった。ヘデー号は別段風説書を載せていたが、ファビウスが香港で聞いた情報はそれよりさらに新しかったのである。ヘデー号が軍艦だからだろうか、「通常の」風説書は作成されていない（後述）。

同年一〇月一一日、ドンケル＝クルチウスは、イギリスの提督ジェイムズ・スターリングが日本を去る時残していった多数の『タイムズ』と『ストレイツ・タイムズ』特別版から、最新の情報を長崎奉行に伝えた。伝えられた情報は次のごとくである。

ロンドン、一八五五年六月一一日

イギリス、フランス連合国側の提督たちは、クリミアのケルチ、イェニカレ、アラバト及びゲニチェにおいて数々の輝かしい成功を収めた。彼らは、アゾフ海の制海権を手にした。彼らは、六〇〇万人分の食糧と大量の備蓄火薬を積んだ二二〇隻の商船を壊滅させた。敵〔ロシア〕は、大規模な穀物倉庫群と多くの軍艦を自ら破壊した。セヴァストポリの砲撃は、去る六日と七日にあらためて始まった。フランス軍はマラコフ砲塔とマメレンの要塞を大虐殺の末に占領した。

イギリスとフランスの艦隊は、去る六月四日にクロンシュタット〔ロシア、サンクト・ペテルブルクの外港〕のそばにいた。ロシアの船舶はほとんどすべて港で艤装《ぎそう》を解いていた。軍務に就くことができたのは三隻の蒸気船だけだった。

ソーンデルス・ドゥンダス提督は、防御施設をもっと近くから視察するため、また攻撃することが賢明であるかどうかを確かめるため、マーリンにいた。昨年から新しい装備が増設されたので、攻撃は実行不可能であると言われている。

アレキサンドリア、一八五五年六月二〇日

マメレン要塞の占領以来、セヴァストポリでは重要なことは何も起きていない。占領の際の、連合国軍とロシア軍双方の損失は著しく、フランス軍は兵四〇〇〇名を、ロシア軍は兵約六〇〇〇名を失った。ロシア軍はさらに大砲六〇門を失い、一一〇門を奪われた。包囲網はさらに前進した。バラクラーヴァではコレラが発生した。アゾフ海ではすべてが荒廃し、タガンログの町でさえ破壊された。また、同地のすべての漁船も同じ憂き目を見た。アナパはロシア軍自身によって破壊された。オーストリアは武装中立を宣言した。

駐日オランダ領事の命令により翻訳

職員　フラーフラント

一九世紀に入って、「通常の」風説書とは異なる時期にしかも書面で、しばしば情報提供がなされるようになっていた。とくに南京条約以降、欧米の船舶が中国から日本に出航できるようになり、さらに東アジアの海に蒸気船が導入されると、このような不定期の情報提供がぐんと増えた。夏の季節風期だけでなく一年中いつでも船が着き、海外の情報が入る可能性が出てきたからである。一方、速報性を求める日本側の需要も高まっていた。

一八五六年八月長崎に入港したオランダ軍艦メデュサ号による「通常の」風説書は伝存しない。日蘭和親条約締結後、通詞は軍艦に尋問に行くのを憚《はばか》るようになったらしい。同艦の艦長を務めたファビウスは、「メデュサ号が、オランダ艦と確認されれば、乗組員名簿を提出しないですむ。日本との〔日蘭和親〕条約は信頼に値する」（フォス美弥子訳）と報告書に記している。ペリー率いるアメリカ艦隊が来航した際、浦賀奉行所の役人が船名、乗組員の人数などを聞き質した。そのとき、アメリカ側は「軍艦の特権」を論拠として返答を拒否したのだが、それが先例になったと思われる。

一八五七年には五通の「通常の」風説書が作成されているが、その内容はなきに等しい。「通常の」風説書は一八四八年以降非常に簡略化し、情報提供は主に別段風説書が担っていたのである。

一八五七年九月、軍艦ヤパン号（のちの咸臨丸《かんりんまる》）が到着したときの「通常の」風説書も伝存していない。「軍艦の特権」が適用されたものと思われる。

一八五八年以降の「通常の」風説書はまったく伝存していない。長崎奉行所から江戸に向けて送った文書の記録「諸上書銘書」によれば一八五九年二月長崎奉行から老中へ「蘭人毎年差上候《さしあげそうろう》風説書御取寄之儀《おとりよせのぎ》奉伺《うかがいたてまつり》候書付」が送られた。おそらく、「通常の」風説書の中止を願い出たものだったと考えられる。

一八五八年には、唯一「御紇書《おただしがき》」という文書がある。この「御紇書」は、商船カドサンドリア号の船名や船長名などを記録したものであり、海外の情報をまったく含んでいないので「風説書」とは呼びがたい。通詞はもはや、オランダ船から情報を聞き取ろうとはしなかったと考えられる。「通常の」風説書の最終年は一八五七年と考えるのが妥当だろう。

別段風説書の送付中止

一八五八年夏には別段風説書は日本商館に送付されなかった。同年七月三〇日付ドンケル＝クルチウス宛のオランダ領東インド政庁書記官の書翰には次のようにある。

日本との関係が変化したことに鑑み、現在まで慣例であった別段風説書の将軍への送付の継続は不必要になったと考えられます。にもかかわらず日本側がなお続けてこれを重要視することもありうるので、その場合はそのような最新情報を編集し日本政府に呈上することを貴下〔商館長〕に要請するよう、私は命じられています。

すなわち、今後バタフィアから別段風説書は送らないので、幕府が必要とするなら日本商館で作れという指示である。それまで別段風説書の送付は毎年個別に決議されていたので、

「別段風説書を送らないこと」は決議されず、政庁書記官の書翰で伝えられたのである。

これをうけて、ドンケル＝クルチウスは長崎奉行に、今後は別段風説書（及び「通常の」風説書）の提出はやめたいと文書で申し出たと思われる。「和蘭ニ限り風聞書差上候ては、各国え対し嫌疑も不少《すくなからず》候間（オランダのみが情報を提供するのでは、諸外国から嫌疑をかけられるかもしれない）」という理由が示されたようである（それがオランダ側の真意であるとは断定できないが）。幕府の評議に時間がかかったので、肝心の別段風説書が提出されないまま一八五八年は過ぎてしまった。

一八五九年二月、長崎在勤の奉行は老中に「阿蘭陀人例年持越候《もちこしそうろう》風説書向後《きょうこう》差上兼《さしあげかね》候段《だん》申立《たて》候義《ぎ》ニ付《つき》」伺書《うかがいしょ》を送った。老中が、外国奉行、大目付、勘定奉行に諮問したところ、外国奉行から三月付で別段風説書は存続させたほうが良い旨の答申があった。外国奉行は、普通の商船はただ商売のためだけに来るので各国情勢を聞き質せるかどうかわからないし聞き質せたとしても知っているかどうかわからない、したがって当面、「和蘭風説書無之候《これなくそうろう》ては、事之《の》常変《じょうへん》を可承《うけたまわるべき》事端《じたん》も思寄《おもいよ》り不申《もうさず》」ことを理由に、存続を希望したのである。結局、長崎奉行からの書面は以下のような付札《つけふだ》〔返答の指示書き〕をつけて、同年四月八日付で老中から長崎奉行に差し戻された。

領事官申立之《もうしたての》趣《おもむき》も有之候得共《これありそうらえども》、彼国《かのくに》は旧来御《きゅうらいご》趣意も有之候訳等《これありそうろうわけなど》、能々《よくよく》説得いたし、
風説書は是迄之《これまでの》通《とおり》差出《さしだし》候様等《ようなど》と申諭《もうしさと》し候様《よう》、可被致候《いたさるべく》事《こと》
（「諸上書銘書」）

つまり、幕府は別段風説書の存続を希望するという結論に達したわけである。

長崎奉行は、一八五九年の初夏になって幕府の評議の結果を、ドンケル＝クルチウスに伝えた。

ドンケル＝クルチウス閣下

昔から毎年行われてきたバタフィアからの別段風説書の提出は今後廃止されるだろうということが、昨冬提議された。これは江戸の幕府に奏上された。そして、貴国との間にたいへん昔から絶えることなく保たれてきた友好に基づき、別段風説書の提出は今日までのごとくなされるべきである、との書面が江戸から届いた。したがって、旧来のごとく毎年十分入念に作成し提出するように。

〔安政六年〕未《ひつじ》シガツ〔四月〕

岡部駿河守《するがのかみ》

これが、命令の形ではなく、宛名に「閣下」を付した書翰形式でオランダ人に伝えられたことは注目に値する。条約締結以降、長崎奉行も、オランダ政府を代表する者としてドンケル＝クルチウスを重んじざるをえなくなったことがわかるからである。

一八五九年、最後の風説書

この書翰を受けて、一八五九年には長崎のオランダ商館で「別段風説書」の作成が試みられた。

第一の「別段風説書」は、一八五九年五月二〇日付長崎奉行宛領事官ドンケル＝クルチウス書翰の付属文書である。その書翰には、次のようにある。

閣下の未シガツ〔四月〕付の書翰への返答として、私は謹んで以下のことをお知らせします。すなわち、当地の情勢が変化したことにより、毎年の別段風説書報告の調製はもはや不可能になりました。しかし、機会のあるごとに私が入手する諸新聞の中から、日本政府にとって重要だろうと思われたことはすべて随時私が閣下にお知らせいたします。そこで、私は早速一八五九年の「別段風説書第一号」を提出します。

バタフィアから届く別段風説書は望めなくなったが、ドンケル＝クルチウスは自分のもとに送られてきた新聞等をもとに、「別段風説書」を作成して提出することを約束している。この書翰は、一八五九年六月、「和蘭領事官風説書差出方之儀ニ付申上候書付（オランダ領事官が風説書を差し出すことについて申し上げる書付）」として、長崎奉行から江戸へ送られ、老中のもとへ進達された。この書翰に添付された「別段風説書第一号」は短いが、幕府が興味をもちそうな厳選された内容のものである。

一八五九年別段風説書　第一号

フランスの砲兵隊では、内側にライフル銃のような溝をほった新型の大砲が使用されるようになってきている。一二ポンド砲は攻城砲、四ポンド砲は野戦砲である。

新型大砲では、中空の、中に火薬を入れられる砲弾だけが使われるだろう。中空の砲弾は従来の弾丸と同じように装塡《そうてん》して使い、発射後炸裂《さくれつ》する。

オランダにはドイツの技術者がいて蒸気機関や工場の炉を視察し、それによって燃料を二五パーセント節約しようとしている。

イギリスの女王陛下は、江戸の総領事にラザフォード・オールコック氏を、長崎領事にストーントン・モリソン氏を、箱館領事にペムベルトン・ホジソン氏を任命した。

ポルトガルの政府とベルギーの政府は、友好と通商の条約を締結するため日本に使節を送るだろう。
ロシア政府は、サンクト・ペテルブルクとサハリン〔樺太〕の対岸アムール川〔黒龍江〕河口の間に電信を敷設するだろう。

この段階でドンケル゠クルチウスは、かなりの頻度で「別段風説書」を作成するつもりだったようである。
ドンケル゠クルチウス作成の第二の「別段風説書」は、約二カ月後の七月三一日付で出島発信となっている。第一の「別段風説書」と異なり、情報の摘要のみを記したものである。ドンケル゠クルチウス自身、あるいは日本商館全体にまったく時間的余裕がなかったのかもしれない。短いがこれで全文である。

第二号　　別段風説書報告

第一節
ヨーロッパでは、サルデーニャ、フランス両国とオーストリアとの間で戦争〔イタリア統一戦争〕が勃発した。

第二節
スエズ地峡の開削が始められた。
第三節
中国では、イギリス海軍と中国軍との間で紛争〔第二次アヘン戦争第二戦役〕が起こった。中国で刊行されている新聞類によれば、その際イギリス側に四六〇名の死傷者が出た。
出島、一八五九年七月三一日　駐日オランダ領事官D.C.

最後の「D.C.」は、ドンケル＝クルチウスの頭文字である。

一八五九年八月四日の宿継《しゅくつ》ぎで、この第二の「別段風説書」は長崎奉行から江戸へ送られ、老中に進達されたことが「諸上書銘書」に記されている。しかし、一八五九年の第一、第二の「別段風説書」が当時の通詞によって和文に翻訳されたかどうかは確認されていない。

幕府はあくまで風説書の提出を要求し、日本商館もそれに応えようとしたのだが、結局うやむやのうちに作られないようになったのである。

また、この年に、「通常の」風説書が提出されたという記録もない。一八五八年に締結された安政の五箇国条約を契機として、一八五九年以降オランダ船だけでなくアメリカ船やイギリス船など、欧米船の長崎来航数が激増した。通詞が船の来着ごとに情報を聞き取りに行くことは、もはや不可能かつ不必要になっていたのである。

オランダ風説書の第三類型

出島で作成されたこの二つの「別段風説書」は、本来の別段風説書がもっていた「書面で」という確実性と、「送られてくる」という権威性の二つの側面のうち、確実性のほうを残したものである。さらに、ある時期以降日本側が重視していた速報性を加えている点で、オランダ人の情報提供が最終的に到達した形態であると言えるだろう。

これらは、政庁の決定や決議に基づいていない。「政庁の決定や決議に基づいて、バタフィアから送付された」ことを別段風説書の定義だとするならば、これら二つは厳密には「別段風説書」と呼ぶべきではない。しかし、バタフィアからの送付は廃止するが、日本側が別段風説書を必要とするならば長崎で作成せよとの、政庁からの書翰を受けたものであるため、別段風説書の最後の姿とも言えるのである。

長崎で作成されたことを重視すれば「通常の」風説書だと言えるが、通詞の聞き取りの形ではない。商館内で作成され、日本側に文書の形で渡された点で、「通常の」風説書とは異なっている。一八五五年にも見られた、特定の情報を伝えるために不定期に作成された書面の一つとも見なせる。評価が難しいので、ここでは風説書の第三類型としておく。

この二通は、日本人と接触する機会をもつ長崎の商館員が作成したものであるため、日本人の興味関心を引きそうな充実した内容となっている。イタリア統一戦争や第二次アヘン戦争という世界史上重要な戦争とともに、新型の施条砲など「西洋近代」の道具が作られていく様子も報じている。とくに、電信の敷設（人類史上初めて、情報の移動が人の移動から分離される）とスエズ運河の開削工事の着工（もう喜望峰を回らなくてもよいのだ！）は、東アジアに、いや世界に、通信、交通面での激変が訪れつつあったことを示している。これによって、地球は人類にとって格段に小さくなり、もはや年に一回の風説書が重要視される時代は終わったのだ。

一八六〇年以降、どのような形にせよ、風説書は見られない。一八五九年、長崎のオランダ商館は正式に領事館となった。オランダが情報提供を武器に、日本貿易独占の特権を守る時代は終わった。同時に、横浜や箱館などの開港によって、長崎の特権もまた、失われたのである。

おわりに

風説書から見えるもの

オランダ風説書を注意深く読んでいくと、だんだんと変化していく世界の動きを読み取ることができる。

とくに、別段風説書の記事からは、近代へと移り変わっていく世界の諸局面を同時代人になったような気持ちで追体験できる。そこには、現代の通史的な記述では忘れられがちな南米大陸や太平洋の島々も含めて、世界中が刻々と変化していく様子が、簡略ながら比較的まんべんなく記述されている。当時のオランダ人には、イギリスやフランスが施条銃や電信などの新技術を次々と開発、実用化して、どんどん前進していく後ろ姿が見えたはずである。そしてそれを懸命に、いや着々と追う自分たちの姿を、イギリス人やフランス人より誠実で友好的な態度とともに、日本人に見せたかったのだ。

オランダ風説書の内容は、大きく見ればカトリックから「西洋近代」へと動いていた。それは当時の幕府の対外関心を反映してもいたし、日本貿易を独占したいオランダ人にとっての競争相手の変化を表してもいた。カトリック勢力の動静を探る装置としての風説書が、そのまま「西洋近代」を探るものとして転用可能だったと言えよう。オランダ人自身が、イギリスが牽引《けんいん》していく「西洋近代」を必死に追いかける立場であり、一歩離れたところから「西洋近代」を見ざるをえなかったことも、客観的な情報が得られたという意味で幕府にとっては幸いしたかもしれない。

私が知るかぎり、世界中の情報を二〇〇年以上にわたり定期的に報じ続けたメディアは、風説書だけである。もちろん、自分ではおいそれと動けない王侯が、外来者に遠方の状況を尋ねるというのはよくある話である。とくにこの時代同じ東アジアで、清朝も李氏朝鮮も、対外関係はかなり限定的であった。キリスト教を禁じていた点でも、日本に近い。

たとえば清朝は一七五七年以来広州に限って欧米人に貿易を許していた。そして実際、北京の皇帝はヨーロッパ情勢を広州の役人から入手していた。けれども、広州における皇帝の代理である両広総督がヨーロッパ人と直接会おうとすることはまずなかったと言ってよい。通訳（買弁《ばいべん》）だけでなく、商人など何段階もの人間がいつも介在したのである。風説書のように定期的な文書が直接北京に送られることはなく、特別な使節を除きヨーロッパ人は北京に行くことを許されていなかった。総じて、中国でのヨーロッパ人の地位は日本でよりも低かったのである。その背景には、ヨーロッパ人への蔑視があっただろう。皇帝は幕府ほど外国を恐れていなかった。「西洋近代」に関する書籍が中国で翻訳されはじめるのはアヘン戦争の数カ月前、日本で蘭学が興って一〇〇年も後のことである。

　また、李氏朝鮮は、清朝と日本としか外交も貿易も行っていなかった。朝鮮にとっては、平均して年二回北京へ赴く使節（燕行使《えんこうし》）が重要な海外情報源だった。北京では、シャムなど他の朝貢使がもたらす情報も手に入ったが、朝鮮の立場は弱かった。だから、使節が自分で邸報《ていほう》と呼ばれる一種の官報を買ったり知人を訪ねたりして情報を集めたのである。日本に送られる通信使も情報を集めてくるという任務を負っていたが、回数が少なかった（江戸時代に一二回のみ）。しかも、日本で集められるのは日本に関する情報だけである。朝鮮は、ヨーロッパ情勢を知ることができなかったし、実際ほとんど知らなかった。

　こうしてみると、風説書は世界史的に見て非常に独特で、類例のない制度ということになるだろう。その背景には、さまざまな事情が絡み合っていたと考えられる。

風説書の背景

　まず、日本側を見てみよう。

　一六四〇年代に幕府は、来航するヨーロッパ人をオランダ人に限り、強力な統制下、長崎でのみ貿易を許すことに成功した。貿易の存続は将軍の意思次第だった。この「鎖国」政策を貫徹するだけの強い幕府権力が風説書を成り立たせた条件の一つであろう。とはいえ、情報を受け取り江戸へ送る作業は、長崎の通詞や奉行の裁量に委ねられた。そのため今まで述べてきたようなさまざまな椿事も起きたのである。

一方、この「鎖国」政策で日本人の出国を禁止した結果、日本人からの信頼できる海外情報がなくなった。中国の情勢については他の経路からの情報があったが、幕府がもっとも危険視するヨーロッパ人のアジアでの活動、とくに日本への働きかけの有無を知るには、オランダ人に頼るしかなくなったのである。だが、頼るしかなくなったというのは、日本の絶対権力者である将軍にとっては具合が悪い。だから将軍は、貿易を許可する、ただしカトリックの動きを報告することが条件だ、という形を作ったのである。この形式は、オランダ風説書が消滅するそのときまでほぼ変わらなかった。

さらに、その幕府の絶対権力を支えていた御威光の中身が、圧倒的な軍事力だったことが大きいだろう。幕府の御威光は遠く外国まで通用すると、少なくとも一般庶民には信じられていた。ただこの御威光は、たとえば外国船が放った大砲が長崎奉行所の屋根をくずしたという程度のことで傷がつくほどもろいものだった。ペリー艦隊の来航から後、幕府の軍事力がさほどでもないとわかると、人心があっという間に離れたことからもそれは明らかであろう。

けれども、自分たちの軍事力が外国に通用しないことを誰よりも良く知っていたのは他ならぬ幕府であった。ヨーロッパ船に攻撃されたら本格的な反撃や追撃はできないという認識は、一七世紀から一九世紀まで一貫していたと思われる。だから、戦わなくても済むように事前の情報を必死に求めていたのだ。地震に強い国を作るのではなく、地震予知に力を注ぐようなものである。

次に、オランダ側の事情も見てみよう。

一七世紀、オランダ東インド会社はアジア海域での覇権を維持しており、本国での情報産業の先進性を背景に高度な情報網をもっていた。それゆえ、幕府からの情報提供の義務づけは、会社にとってむしろ望むところだっただろう。日本貿易の独占を維持、強化する上で目障りなポルトガル人、イギリス人などの動きを堂々と幕府に告げ口できるようになるからである。しかも会社は一貫して、名誉や体面ではなく実質的な利益を重んじるという方針だった。したがって、情報提供が「奉公」だと見なされても気にしなかった。

一八世紀、オランダの地位は目に見えて低下した。経済、軍事、情報のあらゆる面で、イギリスに優位を奪われたのだ。しかし日本では、何を語ろうと、信じてもらえる状況だった。都合が悪いことは黙ってさえいれば、問題は生じなかったのである。

一八世紀末オランダが危機に陥り、嘘をつかねばならない事態となったが、危機は一時的だった。一八二〇年代に対日貿易がふたたび落ち着く頃になると、ヨーロッパやその植民地で刊行された新聞や官報がたやすく入手できるようになっていた。日本商館は、そのような公開のメディアを材料に、最新の情報を提供できたのである。

通詞の情報操作と訳語の限界

オランダ人が通詞に語った、あるいは風説書に書かれた内容がどれ程有意義でも、それがすべて幕府に伝わったかというと、答えは否である。むしろ、伝わらなかったことのほうがはるかに多かったと思われる。

本書では、オランダ人が情報をどのように伝えたかだけでなく、どのように伝えなかったのか、あるいは伝えることができなかったのかにも注意を払った。それは、日本側、オランダ側双方で意図的に情報を取捨したからでもあるが、当時の日本とオランダの社会がかけ離れていたからでもあった。一七世紀から一八世紀にかけて、国内のキリシタン禁令を徹底させるために幕府はオランダ人を利用しようとしていた。オランダ人から何かを学ぼうとは考えてもみなかった。通詞はオランダ人が語ったことのうち必要だと思うことを抜き出し、幕府が納得するように書けばよかった。だから翻訳に苦労したこともなかったのである。翻訳に苦しむようになるのは東アジアに危機が訪れるアヘン戦争後、別段風説書がまとまった文章として送付されて以降のことである。

オランダ人と日本人の交流のすべての場面に、オランダ通詞が介在していたと言っても過言ではない。公式文書の翻訳や重大な情報の伝達、交渉の場での通訳は通詞仲間が独占していた。そして、オランダ側には日本語の通詞はいなかった。商館員の中には密《ひそ》かに日本語に通じていた者もいたと思われる。しかし、公的にはオランダ人は日本語が使えなかった。したがって、通訳や翻訳過程での情報操作は日本側で通詞たちによってのみ可能であった。

幕府が公式にオランダ人の日本語学習を禁止したことはない。だが、通詞や長崎の人々はオランダ人との独占的な関係によって得ている利益を失うことを恐れていた。そこで、オランダ人の日本語習得を阻止していたのである。

通詞は、オランダとの貿易が存続しなければ生計が成り立たなかった。また、通詞自身も、オランダ人がもってくる私貿易品の販売の斡旋《あっせん》をしたりして利益を得ており、ある種の商売を行っていた。だから、自分たちの生活を守るためにも、長崎でのオランダ貿易を存続させようと情報を操作することがあったのである。江戸の幕府にすべてをそのまま伝えたのでは、幕府とオランダ人の間に軋轢《あつれき》が生じて大問題になるかもしれない。彼らは、オランダ人ではなく、自分たちを守るために情報を操作したのである。商館長日記や総督宛の書翰には、話したことの一部しか幕府に伝わらないことへの商館長の苛立ちや憤りが記されている。ただ、いつもは通詞の誤訳を黙認していた幕府も、ときには綱紀粛正のため、誤訳を理由に通詞を大量に処罰したりもしている。

本書ではあまり触れられなかったが、一九世紀も半ば近くなると、日本貿易から上がる利益を増やしたいという歴代オランダ商館長の熱意があまりにも強く表れた結果、長崎奉行が商館長の言うことを信用しなくなる傾向もあった。

つまり、オランダがもたらした海外情報を扱う体制は、通詞の恣意《しい》、一般的に表現すれば長崎という都市の裁量権を可能にするものだったと言えよう。これは、幕府の強い権力と一見矛盾するようだが、実は江戸の幕府と長崎の町は相互依存の関係だった。幕府は長崎の人々がもっていた外国人とつきあうノウハウをいわば緩衝材として利用しつつ、オランダ人と接した。通詞が情報を操作することは、幕府にとって織り込み済みだっただけでなく、自らの国内的体面を保つため必要であることも多かった。行き過ぎがあれば罰すればよいだけの話である。風説書は、江戸の幕府と貿易都市長崎の、微妙な力関係の上に作成されたのである。

また、通詞が握る海外情報は貴重だったから、九州諸藩が通詞からそれらを得ようとする場合も多く、通詞は伝える代わりに金銭的な、あるいはそれ以外の見返りを得ていた。このように、家中《かちゅう》に組み込まれるわけではないが、特定の大名と深い関係をもつことを、「出《で》入《いり》」、「舘入《たちいり》」などという。通詞の個性にもよるのだが、積極的な通詞は複数の大名家に出入りして、微妙に伝える情報に差をつける（たとえば、片方には全部教えるが、片方には半分しか教えない）などの技を駆使しながら、握っている情報をなるべく高く「売る」ことを考えていたようだ。

別段風説書の翻訳では、イギリスの脅威の中身を正確に知ろうとした。その際、「議会」、「法廷」、「植民地」など、近代的な制度や概念についての体系的な知識の不足が足枷《あしかせ》になった。もちろん一八世紀から蘭学という形で、書物からの知識がある程度は輸入されていたが、医学、天文学、軍事科学などが中心であった。時事情報を理解するために必要な地理や政治制度についての体系的な知識は不足していた。アヘン戦争のころから幕府も学者たちも世界地理や国際法などに関する漢籍や蘭書を積極的に集め比較して研究しはじめた。それなくしては風説書にも意味がないという時代に入ったのである。

「外交」、「内閣」、「総督」は、どれも古今の漢籍から得た中国に関する知識を総動員し、幕末から明治にかけて作られた新しい日本語である。そのような新語を作り、あてはめ、自分たちの知識として再構成していく作業が体系的な知識の導入そのものであった。この時代の日本人はヨーロッパの言葉をそのままカタカナに直して満足したりはしなかった。その背景には江戸時代に広く培われていた漢文の素養があったのである。

西洋からのささやき

本来「おわりに」では、「オランダ風説書は日本史にかくかくしかじかの重要な影響を及ぼした」といった結論を書くべきかもしれない。しかし、研究すればするほど、風説書の限界が見えてくるのも事実である。過大評価をする気にはなれない。あえて結論風に言うなら、風説書は、江戸時代の日本が聞いたオランダ人のささやきでしかなかった、ということになろう。

この場合の「ささやき」は、「悪口」とも言い換えられる。オランダ人は、商敵であるポルトガル人、スペイン人、フランス人、イギリス人、中国人などを日本に近づけないために、風説書という制度を利用して、彼らの悪口をささやき続けた。そのささやきは、自分で海外の情報を確認する術をもたなかった日本人（とくに幕府）にとって、たいへん貴重だったから、悪口だと知りつつも、熱心に耳を傾け続けた。よく聞き取れないこと、理解できなかったこと、理解できても頭から退けてしまったことが、ほとんどだった。地理的な距離、言語や文化の違い、政治制度、偏見、その他の多くのものに阻まれて、情報はうまく伝わらなかったのである。現代の私たちから見ると、その様子は滑稽《こっけい》にさえ映ることもある。

だが、長崎出島で繰り広げられた情報のやりとりを、私たちは笑い飛ばしてしまえるのだろうか。風説書は、江戸時代の対外関係の一側面をよく表すものだが、一方で、情報の普遍的な伝わり方を見せてもくれる。極端に一般化すれば、人間は興味のあることしか知ろうとせず、自分の価値観に合致することしか理解しないのではないか。

それでも、なにがしかの情報にさらされ、どんなにあやふやでも知識をもっているということは、何も知らないということとはまったく違う。日本で言えば戦国時代の一五三二年、現在のペルーに存在したインカの王アタワルパが、彼の土地にやってきたばかりの二〇〇人に満たないスペイン人の一団に捕らわれて、翌年殺された。広大な国土を支配し、神聖かつ絶対的な力をもっていたインカ王が、大規模な戦争もなしに、あっけなく殺されたのである。王は、スペイン人が王国の領土に入ったとき斥候を放っているが、斥候の報告は「彼らも神ではなく、我々と同じ人間です」という程度のものだった。このとき、インカの人々はスペイン人についてまったく何も知らず、わけもわからぬうちに危機に陥ったのである。

それと比較すると、江戸時代の日本人はいろいろな知識をもっていた。一八五三年、浦賀にマシュウ・ペリーの艦隊が来たとき（もちろん、一五三二年のスペインと一八五三年のアメリカ合衆国はまったく別物だが）、幕府はアメリカ大統領の書翰を受け取り、来年返答するから、また来るようにと伝えて艦隊を去らせた。前年に別段風説書で艦隊の来航を予告されていたにもかかわらず、対応方針が定まらず、うろたえて毅然とした対応がとれなかったとされているが、自国の体制全体に大きな影響を与える事柄について、即断せず、まず相手の言い分をきちんと確かめた上で、相談、熟慮して返答するという態度は、きわめてまっとうだとも言える。

江戸時代の日本は完全に孤立していたわけではなく、世界史の文脈の中に確実に位置づいていた。このことはすでに多くの論者が指摘していることでもあるし、本書からも明らかであろう。幕府は「外」の存在を認識した上で、人や物、情報の動きに厳しい制限を加えた。だからこそ、「外」の状況を知るために風説書が必要とされたのである。

あとがき

大学院生時代に聞いた、「宮崎市定《みやざきいちさだ》氏の『科挙《かきょ》』（中公新書15）のような歴史書が理想的だ」という言葉が、ずっと心に残っていた。曰《いわ》く、「専門的でありながら、わかりやすく、包括的でありながら、細部を描き、制度を書きながら、その中で生きた人間の顔まで見える」。たしかにその通りだと思った。

その『科挙』と同じ中公新書に、「書きませんか」というお話を、学生時代以来の知己である郡司典夫氏からいただいたのは、一〇年以上も前のことだ。当時は「博士論文を終えたら、書かせてください」としかお答えできなかった。今ようやく約束を果たすことができる。『科挙』には遠く及ばない小著であるが、それでも嬉しい。

本書の大部分は、私の博士論文『オランダ風説書と近世日本』を下敷きにしている。本書の世界に興味をもってくださった方は、できればそちらも手にとっていただきたい（ただし、同書では、一八五九年の最後の風説書を、時に「通常の」風説書として扱い、時に別段風説書として扱っている。はっきり言えば、論旨に捻《ねじ》れがある。そこで、本書ではこの混乱を整理するため「第三類型」としてみた）。

また第四章は、私が初めて英語で書いた論文を元にしている。日本の日本史研究は文句なく世界一の水準だが、残念ながらほとんどが日本語でのみ発表されている。そのため、海外での認知度はあまりにも低い。もったいないかぎりである。

オランダ風説書は私にとって長らく親しんだテーマなのだが、新書の形にすることは思いのほか困難だった。本書は異なる言語間のコミュニケーションの苦労を扱っているが、同じ日本語でも「伝える」ということはとても難しいのだとあらためて感じた。郡司氏の叱咤激励と、娘の有益な助言に感謝したい。

最後に、この小著を娘に、そしてすべての若者たちに捧げることをお許しいただきたいと思う。誰が何と言おうと、この地球の未来を託せるのは、あなたたちだけなのだから。

二〇一〇年一月

松方冬子

主な参考文献・史料一覧

本書全般にかかわるもの

板沢武雄『阿蘭陀風説書の研究』日本古文化研究所報告第三、一九三七年（解説部分は改稿の上、板沢武雄『日蘭文化交渉史の研究』吉川弘文館、一九五九年所収）

今来陸郎編『中欧史（新版）』山川出版社、一九七一年

片桐一男『阿蘭陀通詞の研究』吉川弘文館、一九八五年

金井圓『近世日本とオランダ』放送大学教育振興会、一九九三年

科野孝蔵『オランダ東インド会社』同文館、一九八四年

永積昭『オランダ東インド会社』近藤出版社、一九七一年

日蘭学会、法政蘭学研究会編『和蘭風説書集成』上・下、吉川弘文館、一九七七年、一九七九年

法政蘭学研究会編『和蘭風説書集成』上・下、日蘭学会、一九七六年、一九七九年

＊『和蘭風説書集成』は、吉川弘文館版、日蘭学会版とも、まったく同じ内容である。

松方冬子『オランダ風説書と近世日本』東京大学出版会、二〇〇七年

森田安一編『スイス・ベネルクス史』山川出版社、一九九八年

インドネシア国立文書館（Arsip Nasional Republik Indonesia）所蔵一般書記局文書 Algemeene Secretarie
オランダ国立中央文書館（旧称 Algemeen Rijksarchief、二〇〇二年に Nationaal Archief と改称した）所蔵植民省文書 Ministerie van Koloniën（2.10.01 & 2.10.02）
オランダ国立中央文書館所蔵日本商館文書 Nederlandse Factorij Japan（1.04.21）
オランダ国立中央文書館所蔵連合東インド会社文書 Verenigde Oostindische Compagnie（1.04.02）

はしがき

Meijlan, German F. *Geschiedkundig Overzigt van den Handel der Europezen op Japan.* Batavia, 1833.

第一章

荒野泰典『近世日本と東アジア』東京大学出版会、一九八八年
荒野泰典「江戸幕府と東アジア」、荒野編『日本の時代史一四　江戸幕府と東アジア』吉川弘文館、二〇〇三年
岩生成一「オランダ風説書の研究と現存状態について」、『日本歴史』一八一号、一九六三年所収
岩下哲典、真栄平房昭編『近世日本の海外情報』岩田書院、一九九七年
岩下哲典『幕末日本の情報活動——「開国」の情報史』雄山閣出版、二〇〇〇年
梶輝行「長崎聞役と情報」、岩下哲典、真栄平房昭編『近世日本の海外情報』岩田書院、一九九七年所収
片桐一男「蘭船の長崎入港手続と阿蘭陀風説書」、『長崎市立博物館館報』七号、一九六七年所収

片桐一男「阿蘭陀風説書についての一考察」上、『日本歴史』二二六号、一九六七年所収
片桐一男「鎖国時代にもたらされた海外情報」、『日本歴史』二四九号、一九六九年所収
片桐一男「海外情報の翻訳過程と阿蘭陀通詞」、『青山学院大学総合研究所人文学系研究センター研究叢書』第一四号『言語・文化の東と西』青山学院大学総合研究所人文学系研究センター、二〇〇〇年所収
片桐一男校訂『鎖国時代対外応接関係史料』近藤出版社、一九七二年
片桐一男、服部匡延校訂『年番阿蘭陀通詞史料』近藤出版社、一九七七年
京口元吉「甲比丹と和蘭風説書」、『史観』二四、二五、二六・二七号、一九三九、一九四〇年所収
幸田成友「寛政九巳年の和蘭風説書」、『史学』一六号、一九三七年所収
佐藤隆一「彦根・土浦両藩と阿蘭陀風説書」、片桐一男編『日蘭交流史　その人・物・情報』思文閣出版、二〇〇二年所収
嶋村元宏「阿部家旧蔵『別段風説書』について――ペリー来航前夜の世界情勢」、『神奈川県立博物館研究報告――人文科学』二一号、一九九五年所収
トビ、ロナルド『近世日本の国家形成と外交』速水融、永積洋子、川勝平太訳、創文社、一九九〇年
鳥井裕美子編訳「本木蘭文」目録『長崎県文化財報告書第一三一集　長崎奉行所関係文書調査報告書』長崎県教育委員会、一九九七年
長崎県史編集委員会編『長崎県史　対外交渉編』吉川弘文館、一九八六年
永積洋子「会社の貿易から個人の貿易へ――一八世紀日蘭貿易の変貌」、『社会経済史学』六〇―三号、一九九四年所収

沼倉延幸「開国前後、長崎における海外情報の収集伝達活動について――熊本藩・五島藩長崎聞役（留守居）の活動を中心に」、『書陵部紀要』四七号、一九九六年所収
沼田次郎「オランダ風説書について」、『日本歴史』五〇号、一九五二年所収
福地源一郎『長崎三百年間――外交変遷事情』博文館、一九〇二年
藤田覚「近世後期の情報と政治――文化年間日露紛争を素材として」、『東京大学日本史学研究室紀要』四号、二〇〇〇年所収
藤田彰一「阿蘭陀別段風説書の漏洩」、『洋学史研究』四号、一九八七年所収
真栄平房昭「近世日本における海外情報と琉球の位置」、『思想』七九六号、一九九〇年所収
松井洋子「長崎におけるオランダ通詞職の形成過程――オランダ語史料に見る「小通詞」の成立まで」、『日蘭学会会誌』二一―二号、一九九七年所収
松浦章『海外情報からみる東アジア――唐船風説書の世界』清文堂出版、二〇〇九年
武藤長蔵「長崎出島和蘭商館長の風説書」、『商業と経済』二二―二号、一九四二年所収
森克己「国姓爺の台湾攻略とオランダ風説書」、『日本歴史』四八号、一九五二年所収
山本博文『鎖国と海禁の時代』校倉書房、一九九五年

第二章

遠藤周作『沈黙』新潮社、一九八一年
黒板勝美、国史大系編修会編『新訂増補国史大系　徳川実紀』四、吉川弘文館、一九七六年

東京大学史料編纂所編『日本関係海外史料　オランダ商館長日記』訳文編之六、一九八七年、訳文編之七、一九九一年、訳文編之八（上）、一九九五年、訳文編之八（下）、一九九七年、訳文編之九、二〇〇一年、訳文編之一〇、二〇〇五年
長崎市役所『長崎市史　通交貿易編西洋諸国部』長崎市役所、一九三八年／清文堂出版、一九六七年復刻
長崎市立シーボルト記念館所蔵中山文庫「風説書」
永積洋子「オランダ人の保護者としての井上筑後守政重」、『日本歴史』三二七号、一九七五年所収
藤井譲治監修『江戸幕府日記　姫路酒井家本』一〇、ゆまに書房、二〇〇三年
ヘスリンク、レイニアー・H『オランダ人捕縛から探る近世史』鈴木邦子訳、山田町教育委員会、一九九八年
松方冬子「風説書確立以前のオランダ人による情報提供について」、『東京大学史料編纂所研究紀要』九号、一九九九年
山本博文『寛永時代』吉川弘文館、一九八九年
Nagazumi Yoko. "Japan's Isolationist Policy as Seen through Dutch Source Materials." *Acta Asiatica* 22, 1972.

第三章

紙屋敦之『大君外交と東アジア』吉川弘文館、一九九七年
木村直樹「一七世紀後半の幕藩権力と対外情報——一六七三年リターン号事件をめぐって」、『論集きんせい』二〇号、一九九八年所収

木村直樹「異国船紛争の処理と幕藩制国家」、藤田覚編『一七世紀の日本と東アジア』山川出版社、二〇〇〇年所収
幸田成友「フランソア・カロンの生涯」、フランソア・カロン著、幸田成友訳『日本大王国史』平凡社、一九六七年
清水紘一「参府蘭館長に伝達された南蛮に関する『上意』について」、『中央史学』二〇号、一九九七年所収
永積洋子「一七世紀後半の情報と通詞」、『史学』六〇巻四号、一九九一年所収
バーク、ピーター『知識の社会史——知と情報はいかにして商品化したか』井山弘幸、城戸淳訳、新曜社、二〇〇四年
林韑編『通航一覧』六、国書刊行会、一九一三年／清文堂出版、一九六七年復刻
村上直次郎訳注、中村孝志校注『バタヴィア城日誌』三、平凡社、一九七五年
Dahl, Folke. "Amsterdam: Earliest Newspaper Centre of Western Europe." *Het Boek* 25, 1939.
Haan, F. de. *Oud Batavia : gedenkboek uitgegeven door het Bataviaasch Genootschap van Kunsten en Wetenschappen naar aanleiding van het driehonderdjarig bestaan der stad in 1919*. Batavia, 1922.
Schneider, Maarten. *De Nederlandse Krant: van 'Nieuwstydinghe' tot Dagblad-concentratie*. Amsterdam, 1968.
Von Faber, G. H. *A Short History of Journalism in the Dutch East Indies*. Sourabaya, 1930.

第四章

飯岡直子「アユタヤ国王の対日貿易——鎖国下の長崎に来航したシャム船の渡航経路の検討」、『南方文化』

二四号、一九九七年所収
エイクマン、A・J、スタ－ペル、F・W『蘭領印度史』村上直次郎、原徹郎訳、東亜研究所、一九四二年
岡本さえ『イエズス会と中国知識人』山川出版社、二〇〇八年
ケンペル、エンゲルベルト『日本誌――日本の歴史と紀行――』今井正訳、霞ヶ関出版、一九七三年
ドゥーフ、ヘンドリック『新異国叢書　ドゥーフ日本回想録』永積洋子訳、雄松堂出版、二〇〇三年
日蘭学会編、日蘭交渉史研究会訳注『長崎オランダ商館日記』二、四、雄松堂出版、一九九〇年、一九九二年
林春勝、林信篤編『華夷変態』上、東洋文庫、一九五八年
藤田覚『近世後期政治史と対外関係』東京大学出版会、二〇〇五年
松本英治「レザノフ来航予告情報と長崎」、片桐一男編『日蘭交渉史　その人・物・情報』思文閣出版、二〇〇二年所収
八百啓介「出島商館来航オランダ船について――一六四一－一七四〇年」、『洋学史研究』七号、一九九〇年所収
横山伊徳「一八－一九世紀転換期の日本と世界」、歴史学研究会、日本史研究会編『日本史講座七　近世の解体』東京大学出版会、二〇〇五年所収
横山伊徳編『オランダ商館長の見た日本――ティツィング往復書翰集』吉川弘文館、二〇〇五年
Lequin, Frank. *Het personeel van de Verenigde Oost-Indische Compagnie in Azië in de 18e eeuw meer in het bijzonderin de vestiging Bengalen.* Alphen aan den Rijn, 2005.

Matsukata Fuyuko. "From the Threat of Roman Catholicism to the Shadow of Western Imperialism: Changing Trends in Dutch News Reports Issued to the Tokugawa *Bakufu*, 1690–1817." in *Large and Broad: The Dutch Impact on Early Modern Asia; Essays in Honor of Leonard Blussé*, ed. Nagazumi Yoko, *Toyo Bunko Research Library* 13. Tokyo, 2010 expected.

Rulansilp, Bhawan. *Dutch East India Company Merchants at the Court of Ayutthaya: Dutch Perceptions of the Thai Kingdom, c. 1604–1765*. Leiden and Boston, 2007.

Schrikker, Alicia. "Een ongelijke strijd? De oorlog tussen de Verenigde Oost-Indishce Compagnie and de Koning van Kandy, 1760–1766" in *De Verenigde Oost-Indische Compagnie tussen oorlog en diplomatie*, ed. Geriit Knaap and Ger Teitler. Leiden, 2002.

Schrikker, Alicia. *Dutch and British Colonial Intervention in Sri Lanka, 1780–1815: Expansion and Reform*. Leiden and Boston, 2007.

第五章

岩井大慧監修、沼田鞆雄、市古宙三、河鰭源治等解説『支那叢報解説』丸善株式会社、一九四二―一九四四年（なお、『支那叢報』とは *Chinese Repository* の中国名であり、この解説は、同紙の復刻版の附録として出版された）

植田捷雄「南京条約の研究（一）」、『国際法外交雑誌』四五―三、四合併号、一九四六年所収

植田捷雄「続南京条約の研究」、『国際法外交雑誌』四六―三号、一九四七年所収

勝海舟全集刊行会編『勝海舟全集一八　開国起源』IV、講談社、一九七五年
黒板勝美、国史大系編修会編『新訂増補国史大系　続徳川実紀』二、吉川弘文館、一九七六年
国立公文書館内閣文庫蔵「阿片招禍録」
小西四郎「阿片戦争の我が国に及ぼせる影響」、『駒沢史学』創刊号、一九五三年所収
財団法人鍋島報效会所蔵、佐賀県立図書館寄託「籌辺新編」
坂野正高『近代中国政治外交史――ヴァスコ・ダ・ガマから五四運動まで』東京大学出版会、一九七三年
佐藤昌介『洋学史研究序説――洋学と封建権力』岩波書店、一九六四年
一橋大学附属図書館所蔵「天保十五辰年従七月至八月　阿蘭陀本国船渡来一件　伊沢美作守取扱手扣」
藤田覚『幕藩制国家の政治史的研究――天保期の秩序・軍事・外交』校倉書房、一九八七年
松方冬子「中国のアヘン問題に対するオランダの対応――一八三九年と一八四三年」、『日蘭学会通信』通巻一二〇号、二〇〇七年所収
安岡昭男「和蘭別段風説書とその内容」、『法政大学文学部紀要』一六、一九七一年所収
横山伊徳「日本の開港とオランダの外交――オランダ外務省文書試論」、荒野泰典、石井正敏、村井章介編『アジアのなかの日本史II　外交と戦争』東京大学出版会、一九九二年所収
King, Frank H.H. (ed.) and Clarke, Prescott. *A Research Guide to China-coast Newspapers, 1822–1911*, published by the East Asian Research Center Harvard University, distributed by Harvard University Press. Cambridge (Mass.), 1965.

第六章
片桐一男「阿蘭陀風説書についての一考察」上、『日本歴史』二二六号、一九七六年所収
金井圓「嘉永五（一八五二）年の和蘭別段風説書について」、『日蘭学会会誌』一三―二号、一九八九年所収
栗原福也「イザーク・ティツィング『長崎商館の秘密日記一七八二年〜一七八三年』――一七八二年〜八三年、本商館に生じた諸事件に関する特別の記録」、『経済と社会　東京女子大学社会学会紀要』二〇号、一九九二年所収
東京大学史料編纂所『大日本古文書　幕末外国関係文書』二二、東京大学、一九三九年／東京大学出版会、一九七三年覆刻
長崎県立長崎図書館『オランダ通詞会所記録　安政二年万記帳』郷土史料叢書一、長崎県立長崎図書館、二〇〇一年
長崎歴史文化博物館所蔵（長崎県立長崎図書館旧蔵）「従安政四年至慶応二年　諸上書銘書　全」
フォス美弥子編訳『幕末出島未公開文書――ドンケル＝クルチウス覚え書』新人物往来社、一九九二年
フォス美弥子編訳『開国日本の夜明け――オランダ海軍ファビウス駐留日誌』思文閣出版、二〇〇〇年
松方冬子「一八五七（安政四）年最後の別段風説書蘭文テキスト」上・下、『日蘭学会会誌』三一―一号・三二―一号、二〇〇六年・二〇〇七年所収
松方冬子「一八五三（嘉永六）年の別段風説書蘭文テキスト」、『東京大学史料編纂所研究紀要』一八号、二〇〇八年所収
松方冬子、矢森小映子「一八四七（弘化四）年の別段風説書蘭文テキスト」、『日蘭学会会誌』三三―一号、二

〇〇八年所収
矢森小映子「一八四六（弘化三）年の別段風説書蘭文テキスト」、『洋学』一七号、二〇〇九年所収

おわりに

網野徹哉『インカとスペイン　帝国の交錯』講談社、二〇〇八年
松方冬子「近世後期『長崎口』からの『西洋近代』情報・知識の受容と翻訳」、『歴史学研究』八四六号、二〇〇八年所収
三好千春「アヘン戦争に関する燕行使情報」、『史艸』三〇号、一九八九年
山本博文『長崎聞役日記——幕末の情報戦争』筑摩書房、一九九九年
渡辺浩「『御威光』と象徴——徳川政治体制の一側面」、『思想』七四〇号、一九八六年、『東アジアの王権と思想』東京大学出版会、一九九七年に採録
Tanaka-Van Daalen, Isabel. "Communicating with the Japanese under *Sakoku*: Dutch Letters of Complaint and Attempts to Learn Japanese," in *Large and Broad: The Dutch Impact on Early Modern Asia; Essays in Honor of Leonard Blussé*, ed. Nagazumi Yoko, *Toyo Bunko Research Library* 13. Tokyo, 2010 expected.

松方冬子（まつかた・ふゆこ）

1966年（昭和41年），東京都に生まれる．東京大学史料編纂所准教授．1988年，東京大学文学部卒業．1993年，東京大学大学院人文科学研究科博士課程単位取得退学．

著書『オランダ風説書と近世日本』（東京大学出版会，2007年）

オランダ風説書《ふうせつがき》
中公新書 *2047*

2010年3月25日初版
2018年5月25日3版

著　者　松方冬子
発行者　大橋善光

本文印刷　暁印刷
カバー印刷　大熊整美堂
製　本　小泉製本

発行所　中央公論新社
〒100-8152
東京都千代田区大手町1-7-1
電話　販売 03-5299-1730
　　　編集 03-5299-1830
URL http://www.chuko.co.jp/

Published by CHUOKORON-SHINSHA, INC.
Printed in Japan　ISBN978-4-12-102047-5 C1221